在真空中求成長

鄭天佐院士一生有趣的回憶

鄭天佐　著

歲月之河，綿延如大江流水，

人生，就只是如此，也不只是如此，

一如你我，在歷史長河中總有著不同的人生，

也或許在某個階段，有你最特別的回憶！

自序　在真空中求成長

父親只上過小學，在社會上吃虧不少，因此特別重視小孩的教育。到了我們上學年齡，為了小孩有個固定的求學環境，他決定定居家鄉潭子。

我和孿生兄弟天佑在潭子國小時學業很好，但我平常不喜歡運動，身體文弱，體育成績不是乙便是丙等，所以小學六年中我沒有拿過半次第一名。二年級時生了一場大病，發高燒，病後精神恍惚，類似智障，剛好碰上二次世界大戰末期，肉類缺乏，為了健康，鄰居千勸百勸要我多吃沒人要的豬腦。腦花湯是真正化學課堂上常提到的「無嗅無味」的化合物，吃久了，一看到它就想嘔吐。幾年前動物行為科學家發現，豬其實是最聰明的動物，吃腦補腦，乃自我解嘲後來能當上大學教授並被選為院士，全都得自豬公們的智慧。

初中念台中一中，老師對我的印象兩極。當時讀到許地山先生的〈落花生〉一文，因為我個子小，好動而調皮，但成績好，國文老師取綽號為「落花生」。由於體育和操行與課業成績已經分開，我偶而還能名列前茅。惟不知合作為何物，有次被推選為學術股長負責壁報，從文章到繪畫全由自己包辦，評審結果敬陪末座，被教數學的導師大罵一頓，辛勞換來的是失望，該學期操行分數拿了個六十八分，這是我一生拿到的唯一的丁等，那學期數學也勉強只拿了個乙等，學期名次向下「量子跳躍」了一大步。

因為工業興國，父親堅持我們高中上台中高工，當時我已經到達反叛年齡，喜歡批評老師滿口胡言，什麼都不懂，因而一天到晚被導師約談，最後鬧到校長室被校長訓誡了好多次，這和阿扁成績好被請到校長室褒獎一番剛好相反，也難怪他能當上總統，而同樣奮鬥了一生的我，只能當個滿腹牢騷，喜愛嘮叨的教授。念高工的好處是不用擔心聯考，平時功課輕鬆，一下課就往操場跑，除了被導師和校長罵，操行成績也平平外，倒是過了一段健康、活潑而又愉快的高中生活。

高工畢業後考過就業考試，被分配到電信局工作，各地來的不少高工畢業同事，像伊索寓言中上進的青蛙急著想跳上樹，不屈不撓，再去聯考，一試再試，但吃虧於學校課程有異，平時工作也忙，很少人能上榜聯考。我工作兩年後，迷迷糊糊跟著嘗試，沒有想到一試成功，考上第一志願的師大理化系。上師大期間是我一生最快樂的日子，離開了父母的管教和愛的束縛，靠公費和家教收入，加以獎學金做補貼，生活過得雖然清苦，但無拘無束自由自在。當時的台灣可說處於科學的「真空狀態」，我們系裡沒有一位教授擁有碩士學位，博士更不用說了，但師大卻提供了我良好的學習環境。

我一直認為自我學習和同學間相互觀摩與競爭，才是大學教育的真諦，至少在找不到良師指導的情況下，也只好在真空裡自求成長。為了期盼畢業後赴美留學時不至於落後老美同學，我有空就到台大大門對街翻版書書店，胡亂找些美國大學物理教科書，回家自己細讀。在校時充滿著憧憬，有時自負有時徬徨，但總是找機會發展自己的興趣和才能。我在物理化學方面能力較強，但在校時也培養出多方面的興趣，有一次溜進了工教系素描課，因為老師從來沒有見過我，以為我常常蹺課，畫得卻比不少同學像樣，又責罵又誇獎了一番，不過，上兩三堂課我就開溜了。

我的學習方法是上完課，當天晚上先花點時間複習，搞清楚當天的功課，嚴格遵守「今天的功課今天做」的原則。考試一到，都覺得輕鬆容易，用不著抱佛腳，更不用開夜車。我平時看些課外書培養不同興趣，不把考試掛在心上，有時還能在課堂上顯一點身手，或指出老師的錯誤，以看老師頭痛取樂。學生時代我最大的驕傲是考試從不偷看，大家都知道，古今中外好壞學生都一樣，很少考試不作弊的。

當時台大物理系畢業生全數出國深造，台大醫院找不到物理技術人員，便向教育部申請從師大實習生中挑選兩人到放射線科服務，我被選上，因此一開始就和中學教學絕緣。在台大醫院服務三年，其間當了一年半兵，服完役申請到賓州州立大學物理系當研究生。到賓州後不久便結婚生子，經濟壓力逼使自己按部就班上課和研究，四年完成博士學位。拿到博士，在論文指導教授極力推薦下，繼續留在母校服務，從此進入艱苦的研究和教學生涯，一九九〇年，毅然回國服務於中研院物理所迄今。

日子漫長卻過得真快，轉眼間已屆退休年齡，但我仍然記得大學時在真空中自求成長的那段快樂日子。而我一生由於表面科學實驗需要，幾乎天天為達到儀器的更高度真空傷腦筋，我乃打趣自己是一生都在真空中成長與生活的人。有次被實驗室一位秘書的天真問題難倒，她問真空的意思是什麼都沒有，你們整天在沒有之中研究些什麼。這一問道出了我寫這本書的動機，即使是生活在真空中的人，他的一生也有不少值得回憶的事，而且除了嚴肅面外，也會有有趣的輕鬆面，這些趣事或許還能讓讀者為我一生莞爾一笑。

鄭天佐
二〇〇四年三月
中央研究院，台北、台灣

目次

附錄一　時事短評選

附錄二　散文

第一章　日治戰時艱辛生活的幼時回憶

幼年發生的事在記憶中一直很模糊，即使父母還在時，我也記不得他們曾提到我們孿生兄弟的出生和成長經過，那時發生的趣事更少聽聞，甚至於我們確實的出生地點都沒有聽過，而那時的我也沒想到問父母。等到我們比較懂事時，待在家裡的時間已經不多。

小時候似乎有永遠做不完的事，整天不知忙些什麼，根本沒想到問父母自己的出生細節。這種事對正在成長的小孩並不重要，等到年紀較大比較懂事時已經遠離了家，身為長子的我對家庭瞭解反而比其他弟妹少很多。我只聽說我們是出生於台中縣豐原鎮小鄉下，當時母親缺乏足夠的奶水，我那出生僅慢了幾分鐘就被貶為弟弟的孿生兄弟，一落地不久就交給奶媽攜帶，足歲後才又抱回母親身旁。

最早的回憶

不少人自認為能記得一兩歲時發生的事，但幼時發生的事對我卻毫無記憶可言，最早想得到的是住在基隆市時的一些零碎片段。

當時我們兄弟已經快三足歲了吧，一家五口住在租來的小街旁二樓樓房。父親是日治時代的「台商」，經營進出口業，往來日本和大陸，平時外出做生意，很少待在家裡，我們更少見到他。家裡除了母親和我們倆兄弟外，另有一個整天在床上爬來爬去的蹩腳阿公，到底阿公患了什麼病才蹩腳，我也記不得聽說過。阿公與母親感情不太好是可理解的，父親一天到晚不在家，對母親來說，家裡只有這一個整天嘮叨不斷，半殘廢需要特別照料的老人。另外還有兩個吵吵鬧鬧，不太聽話的男孩子。母親除了天天忙得團團轉外，可以說沒有任何生活樂趣可言。

母親家鄉遠在鹿港，當時交通不便，加上有個殘廢公公的束縛，回娘家的機會被剝奪了。平常既無親朋可以傾訴，又得忍受公公的囉唆，雖然母親是那種默默的工作，從不會抱怨的「傳統婦女」，卻有時也難免發點脾氣。也許家裡房間太狹小，父親偶而回家也很少待在家裡。記得有一天母親在後房陽台給我們兩兄弟洗澡，剛回家幾天的父親天天往外跑，喝到醉醺醺方肯回家，母親一見，就與父親大吵大鬧。此外，母親偶而也會為了點小事拿小孩出氣。我們出生後短短幾年內，兩個妹妹又相繼出生，媽媽更是忙得不可開交，只好把大妹妹送人領養。我們小時就在這種環境之下長大，至少在我不多的記憶中，生活得並不快樂，更談不上幸福，也沒有什麼特別有趣的幼時往事值得日後回憶。

父親經常在外，他雖然會定期寄生活費回家，或許對家庭也很關心，但真正照顧家庭的時間少，母親太繁忙、太貧窮，心情也就差，貧賤夫妻百事哀，在這種環境下長大的小孩記憶特別少，也許選擇性記憶作祟，我的幼年便成為一片空白，一張沒有字畫的白紙，茫茫然看不到皺紋的霧中天地。當然偶而也會有溫馨的一面，兩三件小事常常在我腦中浮現，這些事多半和食物有關，顯示出當時天天餓肚子的事實。

現在台灣食物過剩，只有過胖的小孩，找不到餓肚子的孩子，真為他們慶幸，時代的確在進步，所謂的the good old days（快樂的往昔）並不如一般人口頭上或想像中的那麼美好。現在自己年紀大不需要太多營養，不愁吃喝，反而天天為了怕胖，得隨時節制飲食，還不是和年幼時一樣的必須挨餓受苦，好一個令人啼笑皆非的殘酷人生！

在貧困中長大的小孩並非完全沒好處，他們在無意中學會了堅忍的性格，對往後應付生命中無法避免的種種困境有相當大的助益。台灣經濟起飛後，小孩子過著豐衣足食，無憂無慮的生活，這種在保護傘下成長的小孩，一旦遭遇到一點小挫折就以吸毒、搖頭、犯法和自殺來抒解人際和社會的壓力。

餓，肚子餓

正在成長的小孩，肚子總覺得餓，身體中細胞正以指數成長，需要有以指數增加的養分。但是一般人所能看到的是一個小小的身軀，他們怎能料想得到他們需要這麼大量的食物，況且年輕夫婦經濟仍未有基礎時，卻是他們養育小孩的頂峰期。

記得有個冬天晚上，我們聽到街上有人在喊賣「燒煎糕」、「燒煎糕」、熱蘿蔔糕，和一般小孩一樣，我們也吵著要母親買。本來平常三餐已夠難應付，哪有餘錢買零食，吵也沒用，但是那天晚上經不起小孩的哀求，母親心軟了，買了兩塊給我們兄弟。平常吃不起零食的我們，那一小塊可算是一生最好吃的蘿蔔糕，母親自己餓著肚子在旁邊看著我們津津有味的吃著，我們還太小，不懂事，只知肚子餓得呱呱叫，不可能會想到母親，請她也咬一兩口，現在想起來心裡難過已經太遲。不過取捨的得宜拿捏，決非是與生俱來的本能，幼小的動物只會從母親求食，不會也不需為父母著想。

父親在外並不一定節省，做生意賺點錢，還會自己參加旅遊團到日本或大陸玩。我們年紀較大較懂事時，父親有時還會取出退了色的旅遊照片給我們看，並且告訴我們這些照片中的一些小故事。在我記憶中，父親從未帶過母親出外旅遊，而母親也從來沒有抱怨過，看到照片中穿著西裝的父親和一群旅遊同伴照相，母親還會露出以父親的世故而驕傲的滿足和幸福的微笑，這也就是所謂的傳統美德吧。

父親平時很少帶小孩出去玩，有一天他興致來了，突然帶我們倆兄弟到動物園，玩夠了，到一家小餐館吃一盤蝦米飯。那個小孩不喜歡動物，猜想我們同樣覺得動物園很好玩，但其實我沒有留下深刻的印象，我早已經記不得看到了什麼特別好玩的動物，一直無法忘懷的倒是那盤炒飯。那盤飯其實相當的簡單，只是一盤炒飯裡面有幾顆綠豆，幾片青蔥和幾隻小蝦而已，但在記憶中那一盤炒得油油香噴噴的飯，卻是一生吃過最甜美的一盤飯。我一生對炒蝦飯情有獨鍾，自己學會了炒一盤簡單可口的炒蝦飯不說，每到一個地方開會，只要是單獨吃飯，總會找到一家中式餐館，點的總是同樣的一盤蝦米炒飯，這終生不變的習慣和回憶中的那盤飯應該脫離不了關係。

現在的小孩想吃什麼就有什麼，想要什麼就有什麼，玩具擠滿房間也沒人問津，聽到這則故事一定很難理解，一定以為那盤飯之所以好吃，是因為我父親當時流露出一點父愛所致，這正也是心理學家常常告訴我們的。可是對一個天天餓著肚子的小孩，其實一盤炒得油油的飯，可能比起父愛來得真切，企圖以感情因素解釋基本的生理需求，是不是我們一種心理和人情的意識型態呢？對幼兒來說，父母之愛乃是理所當然而自然的施予，他既用不著尋找也不懂得感激，更沒得比較，喜怒哀樂是與生俱來的求生本能，小孩和雙親之間的感情是慢慢的，從日常生活中的相互關懷和依賴逐漸培養出來的，這種感情需要長時間培養，幼兒還沒有足夠的時間來改變他們與生俱來的本能。

父愛是我一生很少感受到的，其實父親並不是如我記憶中那麼漠不關心家庭，那麼不愛護小孩，但至少他不知如何表達他的關懷，我們也就感受不到這種溫暖。這種淡薄的家庭關係，在不知不覺中遺傳給我，我長大後也沒學會照顧自己的小孩，雖然他們在生活上沒有什麼欠缺，但在忙碌中，我覺得他們並沒有真正得到應有的照護和關愛，在此我只能由衷的表示歉意。

我從來沒有要責怪自己的父親，他是小姨太太生的老么，年紀比哥哥們小了近一輩，出生時母親難產去世，父親還沒長大就因為哥哥們怕他長大後多瓜分一份祖產，祖父一去世，兄弟們馬上同謀把他送給了蹩腳未婚無子的叔父。他小時正需要受到照護時，反而被送去照顧一個半身不遂的親戚，他當然從未體驗過親朋的愛護和關懷，也不可能學到如何照顧自己的小孩，想起來我們已經遠比他幸運也幸福太多了。

一個人如果失去了在家裡學習和模仿長輩的機會，什麼事都得靠自己體會，一旦發覺錯誤已經太遲，就是有第二次機會，我也懷疑人一到成年，還有能力學會表達關懷，或敢於流露出真情。人際關係太複雜也太敏感，一個人所謂的成長，或有高度ＥＱ，也不過意味著他長於在不同情況下戴上不同的面具而已。換句話說，一個人如果有能力和幾個親近的人，不用顧忌的以真情相待，那他該算是一個很快樂也很幸福的人。當然父親對子女的冷漠，日後影響到我對親情和友誼的淡薄，好在並沒有冷卻了我對社會國家的責任感，這應該是作為一個知識份子最起碼的條件。

幼稚園

父親對母親和小孩雖然看不出關懷，自己也沒有受過好教育，但對小孩的教育倒是很重視。我們兄弟約四足歲時，有段時間他長住家裡，天天用腳踏車送我們到幼稚園上學。六十年前幼稚園還未普及，上幼稚園的小孩少之又少，如果不是對教育的重視，他怎可能花那麼大的精神送我們上幼稚園呢？

平常我們兄弟輪流一個坐在腳踏車前面鋼管上，一個坐在車子後面的鋼架上，基隆的氣候在未被工業化改變以前，一年有兩百多天下雨，是台灣有名的雨都。下雨時，父親得一手撐著傘，一手抓緊把手，這樣已經夠難，就無法前後載兩個小孩，因此一下大雨，父親只好分兩次來接送我們。有天下午天空正傾盆西北雨，我們用猜拳決定誰先回家，弟弟贏了先走，留我獨自在教室內等候。大雨嘩啦的傾盆下來，教室內空無一人，天空先是一片灰暗，不久開始雷光閃閃、雷聲隆隆，不知是驚嚇還是委屈，我竟然嚎啕大哭起來。

這時還留在學校，正在隔壁的幾位年輕女老師聽到了跑過來，東一句西一句忙著安慰我，也羞這麼可愛的小男孩怎麼那麼喜歡哭，過不了一會兒，他們全回家去了，只留下一位好心腸的年輕女老師陪我。她蹲著身子，一隻手扶著我的肩膀上溫柔的安慰我，我仍然不停的哭。這時剛好有人在外面叫賣奶油麵包，她買了兩塊給我一塊，我邊吃邊哭，她則邊吃邊安慰我，淚和雨似乎同步，不久便停了。我開始感覺到她的溫馨，抬起頭來忽然發現到她是如此的美麗。印象裡她比一個女神更美，那時她比一個好姊姊或年輕媽媽更溫柔，不幸的是第二天我並沒有再見到她，小孩不會自己去找她，之後也從未再見到她。父親很快又得出外做生意，我們上幼稚園的日子中斷了，她長的模樣逐漸被淡忘。在日後的回憶裡，這是我一生第一次發覺女人的美，並且隨著日子的增長，她的樣子也變得更加神秘優美。

很多人在傳記中描述小時候第一個愛上的女孩子，這位女老師該算是我第一個心中愛上的女孩子吧。雖然只是不到半個小時的時光，她的影子卻烙印在我的心屏，時常浮現出來，終生不忘，到後來也不知道有多少是真實，有多少僅是想像和幻影。在人生中，有時我們以為是真的遭遇，其實也只不過是精神恍惚或神智不清時的幻影而已，但即使沒有人能證實它的確發生過，只要它能影響和塑造一個人的性格，幻影有時比事實還來得真實，那我們又何必斤斤計較，花費精神去區分事實與幻想呢？

「事實」不是像一般人的想像那麼容易的釐清，有時甚至於今天發生的事，不同人就會有不同的認知，幾十年前發生的事更不用說了。我們雙生兄弟的名字便是個有趣的迷，大家聽到孿生兄弟名字是天佑與天佐，總覺得取得很妙，家人一致說名字是祖父取的，但他如何想到這兩個名字就有不同說法。二妹說母親曾經告訴她，母親懷孕時，有一天祖父夢到甘蔗從左右長出嫩枝，由此得到靈感取名為佐、佑。但天佑說祖父是虔誠的天主教信徒，「天佑」與「天祐」都意味著天主保佑，天佐有同樣的含意。連這麼簡單的家庭故事都無法得到共識，假如祖父仍然健在，他會又會怎麼說，而你對他的說法難道不會有任何懷疑，經過了幾十年他的記憶力有那麼可靠嗎？

另外舉個例子，如果找了一堆法官、檢察官、檢驗專家與陪審團，總共花費了近億美金，經過無數高科技專家的分析與鑑定，其中還請來華裔神探李昌鈺，經過一年多人與神的激辯後，仍然無法判定美國加州的辛普生（O. J. Simpson）有沒有謀殺前妻，那麼那些考古和歷史學家又如何能推論，幾千年或幾百年前所發生的事物和當時人的思維和生活方式呢？到底他們的結論有幾分真實性和可靠性，這樣一想，我們便不難理解他們的研究工作，在無法得到實驗的驗證下，的確要比自然科學家困難且不確定得多。

我們所謂的「鑑往知來」乃是傳統歷史學者的迷思，事實上，社會國家行徑太多樣而複雜，變化太大，歷史的軌跡是隨機而無序的，沒有邏輯可循，也因如此，有人說我們研究歷史所學到的僅是「沒有兩個歷史事件是相似的」。也許對歷史學家和社會學家來說，「正確」和「事實」並不重要，「從歷史學取寶貴經驗」不是他們真正的追求，也不是他們努力的最終目標。而是從有限資料的分析，去推論古代歷史事件的來龍去脈，去猜測當時人類的生活和思維方式，從這種研究的推動和對歷史資料的分析與思考的過程，領悟到待人處事的道理和治理國家的策略，才是他們研究工作的最大收穫，也才是他們對國家社會真正的貢獻。當然隨著科學的進步，利用碳十四和ＤＮＡ的鑑定，考古學又作了一次量子跳躍式的進步，也許向可靠的科學方法的方向邁進了一步。

談到我小時候差不多天天挨餓，至少在我所能察覺得到的，很幸運的我們兄弟的腦筋似乎沒有受到太大傷害。日後常和西方科學家在研討會上討論和競爭，不只自己感覺不到在智力上的劣勢，還時常被他們稱讚為聰明。美國長春藤大學營養學家一天到晚強調，小孩營養不良便會損害到他們的腦力，我一直不相信這種過分簡單的推論。其實動物為了求生，當環境條件惡劣時，身體必然會滋生應變和適應的能力，會以求生慾望克服萬難，也就是說，適當的困境只會使一個人的個性更加堅忍，智能更加敏銳而多元，他的體力智力都更能應付環境變化的需求。當然，營養真太差，差到生理器官受到傷害時則另當別論。

有次在研討會中，有機會和楊振寧先生同桌午餐，他談起小時在抗戰期間經常挨餓的情形，我回答就因為如此，他才會如此的聰慧而才智過人。別人也許以為我只是說恭維的話，其實我在做的是邏輯推論，我深信這推論是正確的，但這種想法既無法證明也難於駁斥，最多也只能用來思考和激勵大家多用腦筋而已。如果我本人長大後還不算太笨，雖然因為行為孤僻而成就有限，但還能跟世界第一流大學的同行競爭，多少也是因為小時經常吃不飽，腦筋裡長出適應環境能力特別強的腦細胞的緣故（見後述豬的腦漿也沒白吃的往事），如此一想也就不再怨天尤人。

話得說回來，一個人可能會因小時環境不夠理想，沒有從家庭學會人情應對，他的終極發展也受到了很大的侷限。在楊先生的情況，他小時所接觸到的人，不管是家人或老師都是世界頂級的知識菁英，那種環境才是培養天才的絕佳溫床，也因此他長大後會有如此超人的成就。

第二章　美軍空襲下的小學時期

我達到小學年齡時，父親在經濟上已經稍有基礎，年紀也大了些，開始厭倦流浪的生活。主要也是為了小孩的教育，他決定定居下來，把家搬到老家所在的台中縣潭子鄉，在那裡租了幾間房子，並買下一家小水車工廠，以碾樹皮和香料成粉末賣給線香工廠謀生。

搬家

父親雖然只有小學肄業，但自己念了不少書，包括四書五經和歷史故事之類的古書，也知道孟母三遷的故事，往後他常常告訴我們兄弟這個故事。奇怪的是平時並不特別關愛小孩的他，對小孩教育費了相當苦心，這應該是經過幾千年的競爭和人際適應，而得來的東方文化的最大優點吧。

潭子鄉當時是一個人口不到兩三千人的小鄉村，鄉內除了一條硬泥土小街道外，南邊是零零落落的獨家農舍，北邊則是一家公營的大糖廠。這糖廠後來還成為台灣最早開放的加工區之一，替台灣賺取了不少外匯，對刺激一九八〇年代的「經濟奇蹟」有很大的貢獻。潭子鄉東邊靠山，水稻田與溪流交織，有典型的台灣早年的田園樸素之美。可惜隨著經濟的進步，這種美早已從台灣的鄉村消失。

鄉中最顯眼的莫過於糖廠的煙囪，據說它有五十公尺高，是小時罕見的又高又大的煙囪，在我們小孩眼裡它看來就像頂到天空，比東邊中央山脈的山更高。這煙囪一年有三、四個月從早到晚吐出烏煙，由於鄉民不少人在糖廠工作，農民除了種稻，大部份人也依靠種甘蔗維持生計，當時水和空氣污染不嚴重，「環保」一詞仍未聽到，對烏煙反感也不知抱怨。我家位於糖廠南方約一公里處，平常吹的是朝北的南風，倒也與煙囪相安無事，偶而風向反轉，空氣中到處飄揚著煤炭灰塵，使鼻腔髒黑，令人厭惡。糖廠員工宿舍就在糖廠北方，這些員工靠糖廠吃飯，也樂得有些煙灰來保證他們生活所依賴的糖廠的持續經營，煤煙聞起來反而帶點香味。人類早已習慣於群居生活，失業是失去群居生活能力的病徵，是一個人所能遭遇到的最大不幸，找不到工作的人成為社會的負擔，往往會被親朋所鄙視，甚至於遺棄，在社會壓力下生命失去了尊嚴。其實人有一半是為了肉體而活，另一半是為了尊嚴而活，政府政策不能一味只想照顧大商人和大企業，如果無法讓想工作的人找得到適當工作，就是國家富有，並有再多的福利，人民也不會感到幸福。

當時我能記得的最大的環境污染源就只有這煙囪了，其它不管是小溪、河流或池塘，水都還算乾淨，至少抓得到不少泥鰍和魚蝦。很多人直接飲用河水，或跳進水中游泳，也不用擔心生病。現在台灣的河流可就不行了，難聞的臭味不談，這些河水有時像墨水一樣烏黑。那時即使是鄉下，街道兩旁人家早上起床，必須做的第一件事就是打掃街道，街道兩旁不准隨便堆積廢棄物或垃圾，警察每隔一兩天便會來巡查一番，督促鄉民打掃，也難怪日本人把警察叫做巡查，鄉下到處打掃得乾乾淨淨，都市更不用說了。在鄉下，一般人很怕警察，警察是權威的代表，但他們並非不講道理，所以他們要大家做什麼，大家不敢不順從，也因此我小時很少聽見或看見鄉民被警察處分或與警察衝突的例子。

一九九〇年，剛從美國回到中央研究院工作，看到台灣環境的髒亂和生態的嚴重破壞，到山上遊覽時，還看到救國團領隊，要學生把他們的冷飲鋁罐和塑膠袋等，丟棄在走過的竹林小徑兩旁，留作為「到此一遊」的紀念標記。令我難堪也難過的是有次在物理所的研討會上，一個有點自大的美國科學家問我，穿過中研院的四分溪是不是沒有蓋子的廢水溝。因為水溝流著的是烏黑的污水，除了偶而會聞到一股臭味外，看不到有任何生物，魚蝦更不用說了。更有甚者，有一天看到一個剛從日本取得博士學位，回國不久的物理所助研究員，他帶著小孩在街上邊走邊吃點心，隨手把垃圾往路上一丟，繼續吃他們的糖果。站在路旁的警察視若無睹，倒是我碰巧看到，忍耐不住當場訓斥他一頓，我問他在日本留學時會不會、敢不敢這麼做。答案很簡單，政府長期把台灣利用作「反共復國基地」，幾十年來忙於準備反攻大陸，忽視國民的心靈建設和公德教育，民眾早已習慣於聽從命令，也已失去自我約束的意願和能力，政府不關心這類和反攻大陸無關的「小事」，民眾公德心逐漸淪落。

另外，當時我也非常氣憤，我們的政客和媒體，一天到晚吹噓台灣的「經濟奇蹟」，我倒要問所謂的台灣經濟奇蹟是用什麼代價賺到的，不只是大企業家半閉著雙眼，把有毒廢棄物以廉價包給非法商人到處亂倒，到處掩埋，再用破壞生態環境和超低廉外勞，靠政商勾結和產業外移威脅政府給予優惠來減低成本，以此贏得管理之神的美譽。還有部分台灣商人，用提升國民所得做藉口，以商逼政，環保署一樣半閉著雙眼，讓非法商人把美麗的台灣島，沈淪為有毒廢棄物的掩埋場 Toxic Dump。本來純樸的民俗被貪婪敗壞的風氣所取代，民眾忘了人與人之間最起碼的禮貌，台灣的進步到底是進步在哪裡，令人難於理解。而所謂的經濟奇蹟，也只不過是肥了少數商人的口袋，並非真正改進了全民的居住環境和提高了全民的生活品質。

政黨輪替後，這種不正常的狀況應該有所改善，可惜剛好遇到世界經濟景氣低迷，商人以國際競爭為藉口，把資金人才大量西移，台灣經濟蕭條，大企業和富豪反而乘機操控政府經濟政策。當勞工到處失業，民眾買不起最起碼的公寓時，台北市豪華公寓和豪宅卻林立，但仍不足以供應富商和高官的需求。得權者很快忘記為社會弱者追求權益的理想，只懂得廣結富豪，勞動階級權益被忘光，民主改革開倒車。今後從政者如何重振理想，建立國家遠景，在協助商人與促進企業發展和改善全民生活和環境上取得平衡，這些才是他們應該努力的目標。

小學校與公學校

日據時代國民小學分為公學校和小學校，公學校是專供台灣小孩上的，小學校則是給日本小孩及所謂「國語家庭」小孩上的。日本為了儘速同化台灣，鼓勵台灣人平時講日語，就是當時所謂的「國語」，只要家裡有人會說日語並答應平常以日語交談，也願意換成日本名字，你便可得到所謂的「國語家庭」頭銜，有了這個頭銜，你便能享受各種優惠。這頭銜也被一般台灣人曲解為「文化家庭」的象徵，即使現在還有少數台灣的「高級知識份子」，以日據時代時曾經是國語家庭而自豪。

二次世界大戰期間，民生物質被日本政府搜刮一空，用以支援戰爭，舉凡米、糖、肉、豬油全不能自由買賣，必須由政府配給，如果你是國語家庭，配給便可增加一倍以上。另一個優惠是你可以把小孩送到小學校與日本小孩一起上學，台灣小孩在小學校被日本小孩欺負是經常聽到的事，但他們在經費、設備，和師資方面都遠比公學校優厚，也因如此，有點來頭的家庭，幾乎沒有一個人不想被掛上國語家庭的頭銜。尤其在戰爭末期，當時民生物資極端缺乏，在三餐不飽情況下，為了小孩的健康和教育，父親也曾經動過心，但終於為了一點骨氣沒有受到利誘。他雖然對政治沒有多大興趣，但在維護台灣人的尊嚴上與不少台灣人以能成為日本國語家庭為榮不同，耳濡目染，我們兄弟也養成他那種輕視攀龍附鳳的性格。

即使到了現在，當我看到有些人還在炫耀日治時代曾屬於「國語家庭」，並以此為榮和為知識份子的象徵時，我就想問問他們台灣人的尊嚴何在？難道台灣人在面臨外來統治者的利誘下總是拋棄自尊，為了自身利益寧可先拋棄靈魂。一個國家既然所有人民都得付出同樣義務，他們也都該享受同樣的自由和權利，這不應該只是社會菁英的口號，而應該是他們堅定且願意身體力行的信念。如果少數影響力特別大的社會菁英，口口聲聲仁義道德，卻和沒有機會受高深教育者在思考判斷和抵抗誘惑上沒有兩樣，都很容易為一點甜頭而妥協，那麼我們還能期待何等人來扭轉社會風氣，來領導民眾抗拒強權的威迫利誘呢？

日本政府後期的軟性利誘式殖民政策，遠比戰後「祖國」國民政府以威權統治台灣更得民心。國民黨政權在台灣製造的白色恐怖令台灣居民恐懼、厭惡和痛恨，也難怪不少老一輩台灣人對日本的殖民統治反而懷念不已，到底日本政府表面看來是「兩個惡霸之間比較不邪惡的一個（the lesser of the two evils）」。不管是日本政府或是國民政府，對台灣居民來說同樣是從海上登路過來的外來政權，台灣人不都一樣得忍受二等國民的待遇嗎？由外國殖民或由「祖國」殖民又有何不同。現在要台灣人再度接受大陸政權的統治，除了徹底被國民政府洗清腦筋的中生代、沒有經歷過白色恐怖的年輕一代，與少數當時享受特權的少數外省人和「吹台青」外，料想多數台灣居民都不會心甘情願接受的。人本來就不該有過分強烈的意識型態，不該區分所謂的「族群」，更不應把「本土化」扭曲為「分化族群」，這種曲解是有心人想利用族群的矛盾來博取選票的手段，不幸懶於動用腦筋的群眾，那麼容易就接受了本土化等於分化族群的謬論。

其實這些爭議都不重要，更重要的是認清歷史上族群大融合時，往往也是人類文化最絢爛和生活最富裕的時期。但是族群的大融合，並不意味著強大的族群可以利用威嚇或以武力逼使弱小族群就範。知識份子和政治人物除外，一般人不太在乎由誰來統治，他們要求的不多，安居樂業和少許自由與平等而已。不管由外來人或本地人統治，他們同樣是弱者、被統治者，而且多半的人也樂得不用為管理自己和群眾操心，得權者不能不以此警惕自己。

潭子鄉當時只有一所公學校，鄉裡那寥寥無幾的日本人和少數有點底細的台灣人子弟，則每天坐火車上台中市小學校。我們家還稱不上小康，但生活已經改善不少，父親在當時小鄉下還算是一個喝過外國水，吃過外國料理，見過世面，家裡也訂有報紙的少數鄉紳。他在經商時學會了一些日語，但在內心卻始終把自己看作為是個中國人，也就沒去申請可佔到不少便宜的國語家庭頭銜。小時鄉下人口流動性很低，鄉下人似乎注定一生都是鄉下人，平時也難得到都市玩。我們兄弟第一天上學便引起同學們的注意，鄉下同學們對都市（基隆）來的小孩都另眼相看，有些人說我們來自大都市成績好是應該的，有些人嘲笑我們看來像個傻都市人，皮膚白晰得可笑，其實卻令他們心中暗自羨慕。世上都市人到處都是一樣，喜歡嘲笑鄉下人傻，一般鄉下人雖在心目中羨慕都市人，表面上卻依樣畫葫蘆來回報，這種沒有太大惡意的戲謔，有時反而增添了許多生活上的趣味。

在師資設備都差一大節的公學校中，我們的教育可想而知是無法與小學校相比的。既然在學校中我們也不用說日語，在家中更不用了，很可惜因此沒好好把日語學好，失去學另一語言的好機會，其他科目也都沒有發揮到每個學生的內在潛能，長大時這些小事必然會影響到一個人發展潛力的極限。況且我們快三年級時二次大戰已經開始波及台灣，先是越來越頻繁的空襲警報，到後來戰爭已接近末期，幾乎每天都可看到美國飛機從頭上飛過，學校開始半上學半停課，過了不久，學校乾脆關門大吉。記得到後來我們差不多有整整一年沒有上課，等到戰爭結束，台灣「光復」了才又回復上課。

這段期間有兩三件事值得一提。為了避免無謂的競爭，我們孿生兄弟在小學時多半不被安排在同班上課，我們兩個一般課業成績，特別是數理方面，總是名列前茅。但是我實在太瘦了，兩隻手與兩隻腿就像小竹竿一樣的細，比古代小說中的窈窕淑女還弱不禁風，所以體育課成績特別差，舉凡快跑、跳遠、擲鉛球等運動，不是班上最後一名就是出不了最後三名。

平常太好動過分調皮，得不到導師的青睞，品行成績也就平平，雖然在老師、同學和鄰居眼中，我是異常聰明的小孩，但班長之類「囝仔頭王」的頭銜從來就輪不到我。班上學科和體育成績兼優的陳同學，後來當了多年的監察院副院長。當時成績有沒有排行我也無從知曉，即使有，小學時的我也不在乎，名次對還沒有培養出競爭性格的鄉下小孩，似乎一點都不重要。我們的教育家和科學家，一再地強調同學和同行間相互競爭的重要，認為唯有競爭，才能達到追求卓越的目標。我倒是認為同學和同行間的競爭，如果做得不過分的確會有刺激作用，但更重要的是自己與自己的競爭，每次都想超越自己，做事用心頂真，每次都想做得比上次更好，也唯有如此才真能爬上自己的巔峰，達到自己的極限，這種競爭更加重要。

一場大病

二年級時，我生了一場大病，差一點變成弱智的小孩。有一天發覺喉嚨痛、很不舒服，身體也有點燒，告訴父母，他們以為只是普通感冒，並未加以注意，第二天病況變壞，便到街上中醫師處抓了帖藥。沒想到隔天情況更糟，剛好那天父親有事要到台中市走一趟，就順便帶我到台中醫院看醫生，醫生一看才知道不得了了，已經快來不及了，原來我是患上了急性白喉炎，而且病已入膏肓，醫生馬上要我入院治療，並且立刻給我打了好幾支特效針。到了晚上體溫突破四十度，我也開始昏迷不省人事，躺在床上迷迷糊糊，隱約知到病房內坐滿親戚和父親的朋友。

後來從父親口中知道，那天晚上我的呼吸已經有點困難，如果溫度不退，呼吸必定會產生問題，醫生早已準備好要在我的喉嚨動刀，插入一支管子供呼吸之用。現在醫術和醫藥進步，有不同抗生素可供殺菌之用，這種程序已經稀鬆平常不值得一提，但是六十年前，它卻是一種對已經接近死亡的病人，醫生才會動用的程序。急性病來得快去得也快，很幸運的特效藥一開始作用，第二、三天熱度逐漸消退，摸摸我的喉嚨也沒多了一個洞，在醫院住了約兩個星期後才獲准回家，在家裡又待了好幾個星期才敢回學校上課。回到學校趕不上班上功課不必說，由於發高燒頭腦似乎也變得遲鈍多了，學校成績一落千丈，有如弱智。一半是因為父親感到歉疚，沒及時帶我去看西醫，一半也因他非常重視我們的腦筋和教育，所以到處打聽要怎樣才能回復我的健康與腦力。當然不能不注重營養，但剛好碰到戰爭末期，豬肉都是配給的，就是有錢也買不到，後來他聽鄰居說想要回復腦力最好的方法是吃豬的腦漿。鄉下人相信吃肝補肝，吃腿補腿，吃眼補眼，吃腦也會補腦，這種想法不無道理，因為同樣器官的養分大同小異。鄉下屠宰豬公的先生平常就聽說過我們兄弟倆聰明，現在有一個變得有點傻頭傻腦，當然很同情，加上千拜託萬拜託，他總算答應每天留給我一碗腦漿。豬腦味道有點像豆花，只是毫無味道，沒有調味吃起來，很像化學課堂上常常提到的「無嗅無味的白色化合物」。潭子鄉雖然有家台灣數一數二的大糖廠，有鄉民烏黑的鼻腔作證，煙囪的煤灰也都由他們來承受，但所生產的糖多半被政府送到南洋或中國大陸供作戰略物資，主要是用來釀造酒精做為燃料。聽說也可直接用作軍艦逃脫敵人追趕時的超級燃「煤」，所以我們和其他鄉民一樣，只有聞煤煙的份，卻無法嚐一點甜頭。我天天吃一大碗只是灑點鹽巴的無嗅、略帶鹹味的豬腦漿，即使是挨餓的戰時，吃久了一看到它就害怕，就嘔心想吐。好在過了兩三個月後一切回復正常，我又是一個又淘氣，又伶俐的小孩子，終於免受到吃豬腦漿的酷刑。

幾年前動物行為科學家發現，豬其實是最有大腦，最聰明的動物。想想這發現不無道理，如果我當時沒有被迫天天吞下一大碗的豬腦湯，也許到現在還是個頭腦簡單的弱智傻瓜，而又有誰能斷定這些話只是好玩，沒有絲毫真理呢。我後來能當上教授，還僥倖的被選為院士，可以說出自於大豬們的「漿腦功勞」，還得感謝大豬們犧牲生命所賜予的智力呢。如果有人看到這篇文章，想用這妙方促進腦力，很抱歉，除非透過民意代表的人際關係，如今在市場上恐怕很難買到豬腦漿吧。

空襲與掃射

美軍佔領菲律賓和關島後，似乎計畫登陸台灣和日本本土，所以那時兩地天天都有空襲，政府強迫每個家庭自己建造，或與鄰居建造共用的防空壕。

當時台灣最常看到的美軍飛機是雙胴體的 P-38 型輕戰鬥轟炸機與 B-29 型遠程重轟炸機。為了避免直接被瞭望台看到或被雷達偵測到，P-38 一般飛得很低，大概只有兩三百公尺高，速度又快，當你聽到警報聲時已經來不及躲進防空壕，它多半已從你頭上飛過去了，P-38每次雖有兩三隻同來，但很少排列成隊。B-29 則不同，為了超越大砲射程，它們飛得很高，來時除了飛機發出的深沈的轟隆聲，時常還會摻雜著高射砲射擊和砲彈的爆破聲，玻璃窗往往會發出嗡嗡的共鳴聲或強烈的震動聲。B-29總是三、六成群結隊排得整整齊齊飛行而過，因為飛得高，至少有幾千公尺高度吧，不容易也不經常看得到。P-38 戰鬥機主要是以機關砲掃射地上目標，偶而也會投擲一兩枚五十或一百磅的小型炸彈，B-29則專門以幾百磅的炸彈來轟炸軍事基地和大都市。我們在鄉下只是偶而才會聽到 B-29 的隆隆聲，倒是常從報紙上得知大都市被轟炸的消息，每次轟炸都會造成相當傷亡，都市人很怕它，鄉下人反而不太注意B-29。P-38到處掃射到處投彈，到處施虐，雖然每次傷亡都很輕，但不管是都市或鄉下人大家都聞聲色變，所以它是擾亂民心和心理作戰的極佳武器。

有天學校早已停課多時，我們待在家裡無所事事，一如往常聽到空襲警報，這一次聽到時，已經來不及躲進防空壕，只看見一隻飛機畫過低空，我們一家人急急忙忙從屋內逃出來，衝向離房子約十來公尺處遠的防空壕。說時遲那時快，前方另一隻P-38正瞄準我們，兩翼的機關砲口啪、啪、啪的向我們掃射過來，砲聲如雷貫耳把我們嚇得面無血色。我們每個人都跑得比非洲羚羊還要快，不到幾秒鐘，全家人已經躲進了防空壕，汗流浹背全身顫抖不已。緊接著我們聽到了好幾響炸彈的爆炸聲，聲音就來自防空壕正外面，連防空壕用樹枝泥土作成的簡單蓋子都震動的像遇到大地震一般，掉落了不少泥土。幾分鐘內飛機已經不知去向，警報解除了，我們驚慌未定，等了好幾分鐘才敢走出防空壕。一出來，不得了了，迎面看到的是一股衝向天空的濃煙，彷彿是從我家屋頂衝上來似的，當我們神魂稍微鎮定下來時，才知道那股濃煙並非來自我家屋頂，而可能是來自鄰居屋頂。我們跑去察看個究竟時才發現，原來炸彈是落在離我們家約一百多公尺處，那裡有幾家房子被炸毀了，濃煙就是從那兒上來的。人就是這樣，在驚慌失措時很容易往壞的方向想、或判斷，有時我們需要鎮定下來，才能看到真實情況。後來有大孩子在我們防空壕正後面的一棵龍眼樹旁，檢到了好幾個彈殼，也在離我家約三、四十公尺處，一棵百年大榕樹的樹幹上找到了幾處傷痕，撿到了幾顆直徑約兩公分，長十來公分的機關砲彈，鄰家小孩還送我們一兩顆子彈玩。這次空襲，左右鄰居幸無傷亡，但聽說炸死了一兩個人，包括一個身穿軍裝的兵士，我們好奇的跑去看時，只見到警察圍著，不許我們接近，所以也沒看到什麼。

多年後想起飛機掃射、白喉炎和往後發生的兩三件事，總感到心有餘悸。一個人的命運在一剎那之間就可能完全改變，有人在毫無預料下遇上車禍，一生從此過著殘廢的生活。冥冥中每個人的命運似乎有什麼在主宰，好像我們的命運生時已經注定，已經被安排好了，不管你怎樣想去改變它或不想改變它，不管是好事或是壞事，會來的終就會來，不來的再努力去追求也不會來。這可不意味著擁抱著宿命論，我們就不用小心避免危險或不用努力追求理想，但是假如不幸的事發生了，你也不必太過傷心，更不要怨天尤人，就是理想久久不來，也不用太失望，更不能因而頹廢。「比下有餘比上不足」，世界上又有多少人能夠說他比所有人都不幸，即使是被認為沒有生存價值的殘廢者，當他為一絲呼吸奮力掙扎，終能克服軀體限制那刻的喜悅，和攀登聖母峰者戰勝稀薄空氣所造成的虛脫與疲勞時的感覺，或一個奧林匹克競跑者衝向前頭時的興奮又有何不同。也沒有人能夠斷然的說他比其他人幸運，就是一個人能對社會國家做出驚天動地的貢獻，這些貢獻隨著時代的不同和價值觀的改變也會有不同的評價，在浩大無止境的宇宙中，甚至於這些成就都只是無限中的有限，都是微不足道的。而死後他自己又能感覺到什麼，如果一個人無法享受現實生活的滿足與喜悅，那他一生又有何快樂和幸福可言，人生的價值又在哪裡？

所謂的冥冥中的命運或命運中注定，從數學觀點說來，也不過是機率作祟，命運就是隨機發生的無數無序的生命行徑的排列與組合，而不幸或幸運也不過是生命中的隨機變化的主觀感受而已。人能夠做的是以意志作為驅動力，使命運朝向理想邁進，但驅動力又逃不出瞬息萬變的環境的影響，一個人應該從盡力而為來獲得人生的滿足和生存的意義。

日本軍官和家眷

戰爭末期，我們學校校舍和鄉下山腰處，一些平常很少駐軍的軍舍，忽然進駐了好幾百名日本兵。鄉下街道一下子熱鬧起來，到處可看到吉普車和穿著整齊乾淨的軍人，戰時衣服破舊的鄉民看到軍官筆挺的制服和耀眼的革履全都另眼看待。不少軍官或兵士遇到鄉下人或其他軍人時，總是有禮貌的點頭或敬禮，軍紀嚴明，鄉下人對他們印象極佳。

日本軍隊每轉移到新陣地，少數高級軍官，大概是校級以上吧，可攜帶家眷隨行，所以他們也到處租房子。潭子鄉本來就很小，多餘的房間了了無幾，我家經營一小工廠，還能騰出兩間小臥房出租給一位校級軍官。他家除了太太外還有兩個小女孩，這兩小女孩都患有一種罕見的色素缺乏症，雖然父母都是日本人，女孩臉型也和日本人無異，但容貌像北歐人，皮膚白晰得像張白紙，金色的頭髮，天藍色過敏的雙眼，平常陽光一大，他們的眼睛就瞇成一道縫，不敢張開。小時我們從來沒真正見過西方人，看到這兩個小女孩覺得很像兒童圖畫書裡西方故事中的小公主，由於他們非常懼怕陽光，又不會講台灣話，平常總是躲在屋內不敢出來玩。

偶而早上軍隊會派來一部吉普車接軍官上班，因為潭子鄉本來就很小，他平常還是走路上班。大家一定以為那時日本校級軍官家庭一定有特別優厚的待遇，在配給方面一定佔到很大便宜，其實不然，他們除了軍服筆挺外，在食物配給量方面和我們沒什麼兩樣，可能還不及我們鄉下的「國語家庭」享受更多優惠，他們一樣挨餓，也和我們一樣的瘦弱。在我們這些小孩子眼中，那位個子中等身材清瘦的軍官，遇到我們總是面帶笑容，但從他臉上的細紋，我似乎看得到他內心的遲疑和憂慮。

校官在日軍中位階相當高，一方面他可以要下屬毫無保留的服從他的命令，甚至於要求他們為國捐軀，但另一方面他也不過是轉達上面命令的傳聲筒而已。在國家的大機器中，他只是一根大螺絲釘，並沒有自由意志，當這個大家所依賴的大機器已經快瓦解時，他的臉色是凝重而無奈的，他知道日本已經沒有回頭路可走，而前面看到的只是漆黑的一片。那時他是否已經預料到可能遭遇到無條件投降的命運，而後來他有沒有戰死或以戰犯被審判，有沒有被定罪，就不是我們這些小孩子所能知道的了。

我們鄉下魚肉是買不到的，但米和蔬菜還可直接向農夫以黑市價格買到一些，所以反而是我父親偶而還會拿些米送他們，他們總是客客氣氣的接受，也會回送我們一點點日本醬菜。他們在我家待了三、四個月，房租一樣付，而後，顯然聯軍已經決定跨過台灣直接攻打琉球，軍隊調走，他們也跟著走了。想想那些軍人妻小也真是怪可憐的，隨軍隊的調動到處飄盪，連結交朋友的時間都沒有，上課更不用說了，小孩的教育只能靠父母在家裡授受。這位校官為什麼不把妻小留在國內，選擇跟隨軍隊到處流浪，就不是我們所能猜測的了，後來他的家人是否跟隨到琉球，有沒有逃過戰禍的摧殘，我們也毫無所悉。

空戰

早些日子尚未完全停課時，我們學校有一部份校舍被日軍佔用了好幾個月，這段期間上課分成上午和下午兩梯次。有天剛好輪到我上早課，上了一半忽然聽到空襲警報聲，同學們來不及躲進防空洞，警報就已經解除。回到教室上課不久，聽到好幾個日本兵在教室外面走廊上興高采烈的歡叫，原來他們正用望遠鏡觀看十幾公里外飛機場上空，有幾架美國飛機正與日本飛機空戰，他們因看到有架飛機被擊落而高興。我們課也不上，爭先恐後爭著要借用望遠鏡來看空戰，眼睛勉強也看得見飛上飛下轉過來轉過去的飛機，只是不知那架飛機是屬於哪個國家而已。過了五、六分鐘左右吧，又有兩架飛機被打下來，我們跟著日本兵一起跳躍一起歡呼「日本萬歲」。不過他們也無法確定是不是所有被打下來的飛機都是敵機，就有人打電話到軍部，一問才知道，在空戰中被打下來的飛機全部是自己的飛機，沒想到樂極生悲，大家傷心不已，下課回家連午飯都吃不下了。

其實到了戰爭末期，日本軍工廠已經趕不及好好製造飛機，所有軍械都是用臨時工趕著造出來的劣質品，空軍飛行官也是匆匆忙忙訓練出來的不到二十歲的年輕人，這種空軍怎能和訓練有素、裝備齊全的美國空軍相比。那時的日軍已經到了窮途末路的階段，我們這些小孩在敵愾同仇的感召下，早就把日本當作自己的國家，那時知道台灣是日本殖民地的小孩又有多少呢，就是知道了，難道我們就要站在炸毀我們房屋和炸死我們親朋的「敵人」那邊嗎？如果那些飛機不是美國飛機而是「祖國支那」的飛機，那會有什麼不同？

敵友有時很難區分，國共內戰時雙方為了爭奪權力，同族互相殘殺，比起外國人更加殘忍。在戰爭時，民族是什麼？友人與敵人又是什麼？有共同安危、禍福與共的人就是友人，互相殘殺、禍福相抵的人就是敵人。在沒有「祖國」的歷史包袱，也還沒培養出意識型態，依靠直覺判斷的天真兒童心中，道理反而是那麼的簡單明瞭。

威武不能屈的日本兵

平常日本兵嚴守紀律，即使在走投無路的戰爭末期也不鬆懈，下級遇到上級時會恭恭敬敬的行軍禮，遇到老百姓雖不是個個彬彬有禮，但威武而不傲慢，有時還會點頭或微笑，至少我並沒有聽過他們欺負潭子鄉老百姓的事。

有一天卻發生了一件棘手的意外，原來潭子街與東邊山腰軍營之間有一條寬約二、三十公尺的小溪，橋的寬度勉強可以容納一輛吉普車通過。那天一個尉官自己開著吉普車到達橋中點時，另一輛校官的吉普車剛從對面開過來。我們不知道在這種情況下，按照日軍軍規誰有權利先過橋，但顯然那尉官與校官屬於不同單位，尉官堅持他有先過橋的權利而不肯讓步，因此校官與尉官就在橋上爭吵了起來。那官階低的尉官先是被罵「馬鹿野郎」和被打嘴巴，到後來被毆打腳踢成傷，他不敢回手反抗，但是死也不肯屈服。僵持不下，終於鬧到從鄰近台中市派憲兵來處理這件事，把這兩位軍官一起帶走，結局如何便不得而知。

從這個故事也可看出日本戰前訓練軍人的一點端倪，剛強自持，缺乏彈性，所謂的威武不屈的兵士也只不過是一部強悍的作戰機器，這也許是他們戰爭初期節節戰勝的原因，卻也是他們後來戰敗的致命傷，想一想，在戰場上自己人之間發生這種爭執還能和敵人作戰嗎？而在指揮部的情況又會好多少呢？

我曾聽過一則小故事，二次世界大戰開戰前不久，三個德國、美國和日本的軍官坐在二樓陽台喝咖啡，三人都非常有自信自己帶的是世界上訓練最好的軍隊，互相打賭誰的軍隊訓練更為有素、更會打戰。美國軍官叫了一小隊兵士上來叫他們踏步前進，美國兵挺胸踏步前進，到達陽台邊緣時自動轉個一百八十度，繼續踏步走到軍官面前喊停等候下一個命令。之後，日本軍官也叫了一小隊兵士上來要他們踏步前進，他們雄赳赳的昂首踏步前進，到達陽台邊緣就在那裡不停的踏步，等到軍官命令他們停止才敢停下來。輪到德國軍官時，德國兵也一樣雄赳赳的昂首踏步前進，到了陽台邊緣他們視若無睹的跨越陽台，相繼摔落樓下受傷。表演完，這位德國的軍官很驕傲的說：「現在你們知道誰的軍隊最勇敢了吧，這種軍隊才是所向披靡，世界上無敵的軍隊。」是嗎？讀者不妨想一想哪一國軍隊最會打戰，事實告訴我們，德國是第二次世界大戰三國中最早戰敗的國家，不久日本也跟著投降了，最後打勝戰的是服從長官，但自己也有判斷能力的美國軍隊，而不是只會盲從的德國和日本軍隊。當然這故事把問題過分簡化，但是做事有沒有自己的判斷力，能否自主是一種心態，做任何事都是一樣的。在我們文化裡，不管是軍隊或公私機關，自主的聲音往往是一個人前途的送葬曲，只有唯唯諾諾、處處服膺上級意旨才是得到信任和飛黃騰達的保障，卻也是一個組織無法超越自己的主因。

糖廠被炸

聯軍轟炸的主要目標是軍事基地和戰略物資的工廠與倉庫，既然蔗糖是戰略物資，潭子糖廠當然逃不掉被轟炸的命運。果然有天下午聽到 B-29 重轟炸機嗡嗡聲響後，不久就聽到了隆隆的爆炸聲，聲音來自一、二公里處，潭子糖廠被炸的消息隨著爆炸聲很快傳到了鄉民的耳中，還聽說倉庫被炸毀時，堆積滿倉庫的蔗糖著火，警察和憲兵正在守衛以防被搶奪。白天視線清楚時，他們不准鄉民接近，一勺糖水難求的鄉民，除了惋惜外也不敢上前挑釁。當時剛好是夏天，傍晚下起滂沱西北雨，在朦朧大雨中，警察的守衛也鬆懈下來，有人冒著生命危險開始搶出一包包的糖。警察大概想與其溶解雨水中流失，還不如給鄉民搬走，他們因而睜一隻眼、閉一隻眼，不再取締趕來搶奪的鄉民。

父親看到鄰居背著一包包糖回家怎能不動心，為了家人的營養，他和我們工廠一個工人也趕去湊熱鬧。不久便看到從來不動手的父親全身被雨淋濕，背著一小布袋糖回來，那位工人一次背回了兩包，顯然他們都有點驚嚇，慶幸沒有被抓。糖燃燒時有部分融化成滾熱的糖漿，大雨之下上面覆蓋著雨水，有不少鄉民在視線不清的大雨中誤踏到糖漿，腳被嚴重灼傷。父親既然搶回來兩三布袋的糖，足夠吃一陣子，也就不再貪心冒被燙傷的危險再度去搶。

糖的庫存實在很多，那天晚上人來人往的搬運糖袋熱絡不絕，之後有好幾天商人混著一般民眾，絡繹不絕的從鄰近鄉鎮坐火車趕來搶購。戰時收入緊縮，為了賺幾個錢來餬口，父親要母親煮一大鍋竹筍絲清湯，讓我們兄弟妹妹到潭子火車站前擺攤。沒有半點油水的清湯竹筍絲一點也吸引不了客人，兩三天我們沒有賣出幾碗，倒是家人個個享用了好幾大碗竹筍絲清湯。過了幾天這場意外的「嘉年華會」才慢慢平息下來，戰爭也更加接近尾聲。

與眼鏡蛇爭獵物

戰爭末期美機空襲越來越頻繁，學校幾乎完全停課，我們在家裡除了幫忙一點家事外，整天無所事事，或在家裡閒晃，或在稻田間遊蕩。上課有上課學到的東西，閒蕩也有閒蕩學到的東西，我們學會了不同獵取青蛙的方法，也學會了自製簡單的橡皮圈彈簧箭射取青蛙。限於竹筷長度，它只射不到十幾公分的距離，因此我們必須靠近青蛙，才能瞄準它、射取它。青蛙在大熱天太陽下，喜歡躲在田埂陰暗濕地或水溝的草叢中，我們必須用手輕輕撥開草叢慢慢找，在大太陽下瞳孔緊縮，往陰暗處尋找青蛙並不容易。

有一天我把茂盛的草輕輕撥開，看到一隻小青蛙，當我正聚集精神，小心翼翼伸出手用箭瞄準它時，突然發覺在旁邊離開我的臉不到十幾公分處，有隻眼鏡蛇正挺直身子，兩眼以令人恐怖的光芒緊盯著我，同時張開嘴發出沙沙的怒吼聲，我嚇得臉色發紫往後跳了一大步，拔腿就跑。顯然那條蛇也正想獵取同一隻青蛙，那時我成為它的打獵對手。可憐的青蛙，同是蒼生，它們生存的目的好像是專用來奉養我們這些畜生似的。話說回來，一隻小青蛙長大不知要吞食多少昆蟲和小魚，自然就是這麼現實而殘忍，以生命養生命，只有多愁善感的「高等」動物——人，才會為自然的生存法則和自然的食物鏈而動惻隱之心。從這次經驗之後，我再也不敢隨便用手撥開叢草，小時我常把父母和長者的話當作耳邊風，自己從嘗試與錯誤學習，當然較難，也危險得多，但經驗卻特別的深刻，一下子學乖了也不易忘記，但這次可真是冒了一次生命的危險。

戰時鄉下到處是蛇，如果那隻眼鏡蛇不是和我一樣懼怕著對方，我哪有逃脫的機會，到底在這世界上，人的智慧遠遠超越其他動物，所以也成為自然界中最會獵取，也最「凶殘」的動物。其他動物，除了鯊魚、北極熊和荒野中從未看過人的猛獸外，所有見過人的動物一看到人就會先避開，只有當他們認為不先搶攻，便沒有逃脫機會時才會主動攻擊人。也因如此，鄉下雖有數不盡的蛇，而被蛇咬傷而喪命的人只偶而有所聞，算是少之又少。而所謂的惻隱之心，也不過是人類對自然施捨的答謝，和對其他動物犧牲生命的一種贖罪與感激的內心表現而已。

自然的教育

現在鄉下和都市的學校，除了設備和師資或有點小差距外，學習環境已經沒有太大的不同，但六十年前鄉下小孩學習的方法與都市小孩完全不同，與現在的小孩更是不可同日而語。

我們當時在鄉下天天與自然為伍，不管是家畜或野生的，街頭巷尾到處是動物。現在都市的小孩在家裡很少養寵物，平常看到的盡是那些被沒有良心的人棄養在街上的，滿身爛瘡髒兮兮的狗，或是到動物園看看關在柵欄內，嬌生慣養專門供人觀賞的動物而已。當時動物的行為，尤其是性行為，鄉村小孩天天都看得到，不用人教也用不著看書，更不用偷偷去看A片或色情小說，很自然的學到雞鴨、貓狗如何創造生命和屠宰家畜的過程。我們天天可看到動物的出生、飼養和屠宰，就是人的生死病痛，小孩也隨時體驗得到。每個小孩都學會如何照顧和飼養動物，在家裡不是養雞、鴨、鵝，就是豬、羊、牛等，小孩也學會種田、種菜、或種樹，這些事我差不多全都學過。

戰爭末期魚肉一兩難求，一個星期只有一天配到豬肉，一個家庭配不到半斤。到戰爭後期，我們一家六口一個星期只能配到四兩豬肉，為了生存，每個家庭都養了不少家畜，我家也養了雞、鴨、鵝、火雞和兔子，但那時每個人都餓著肚子，就是沒人會偷竊街上很容易抓到的別家養的家禽，雖偶而也會因抓錯了雞鴨爭吵，但不會發生偷竊的事。那時治安非常好，現在的人聽了都不敢相信，但確實每個家庭晚上睡覺很少人鎖門，殺人放火絕少聽到。

後來我們把用來曬乾樹皮的庭院，以鋤頭一鋤一鋤劃鬆成菜園種菜，平常除了拔草之外，早晚還得澆水兩次，也得經常施肥。肥料都是自然的有機肥料，也就是把糞便從糞坑舀出來，盛入桶內擔至菜園再一瓢一瓢、澆在蔬菜上，讓陽光的光化作用慢慢把臭氣化掉，養分逐漸被蔬菜根部的毛細管吸收。大肥惡臭無比，施肥是種菜中最令人討厭的工作，但是施肥完後，快則一兩天，慢則四、五天，本來毫無生氣看來枯黃的蔬菜葉子，會像奇蹟出現似的轉變成為生氣蓬勃的翠綠，種菜者感到生命的奧妙、喜悅和勞力的回報，樂趣自在其中。現在農人已經不再施用大肥，被取代的是無嗅無味的人工肥料，看到施肥後的綠色生機，猜想農夫還是會很高興，也充滿成就感，但興奮之情大概已經不再了吧！

大陸在文化大革命時，學生與被貶到鄉下的官員，大多被遣送到偏僻的鄉下勞動改造，他們改造的方法也不過就是做這類工作，所不同的是我們是出自於自己生活的需求，他們則是出自於毛澤東與紅衛兵無知的迫害。工作只是當作懲罰的工具而已，動機不在於生產，難怪不管他們如何的辛勞，到後來生產不出足夠的糧食，勞動改造，改造不成（請參閱後文訪問大陸的回憶），部份人還活活餓死。我們那時靠著自己雙手的勞力生產，沒有什麼好抱怨，生活雖然艱苦倒還沒有聽到餓死人的例子。

營養不良的徵候

戰爭末期大家都營養不良，結果是人人很容易生病，平時最常看到的病，除了瘦小外，幾乎每個小孩手腳和頭部都長了爛瘡，和現在街上看到的流浪狗有點像。少數比較窮苦家庭的小孩，肚子也開始膨脹突出，形狀就像電視裡偶而見到的，非洲內亂時正在逃亡中的小孩一模一樣。

那時鄉下醫生還不知道爛瘡的皮膚與脹大的肚子，都是因為營養不良所導致，我們也以為是沒有洗澡，沒有把皮膚保持乾淨才長出來的。反正買不到什麼藥，所以爛也只好讓它爛。有時鄉下也可看到一群人圍著看賣膏藥的人，這些人多半是隨隨便便抓幾樣野草，提煉出藥膏騙幾個銅板，其實用不用藥都是一樣的沒有用。大家既然已經找不到營養食物和藥物，也只好讓皮膚爛下去，我們兩個兄弟也不能倖免，手腳與頭部都長了不少爛瘡，直到戰後營養稍為改善，那些爛瘡自自然然就痊癒了，但到現在雙腳還可找到一些疤痕。

這還不算，鄉下晚上蚊子橫行，很多人患上瘧疾，我家除了兩個小弟妹，年幼抵抗力較強沒有被感染外，家裡每個人都無法倖免。這種病一發作起來就發高燒，全身感覺冰冷顫抖不停，而且渾身痛疼有如世界末日，鄉下醫生束手無策，好在因患此病而死亡的例子少之又少。直到有一天從大都市的醫生口中得知，南洋進口了一種黃色、奇苦無比的藥丸非常有效，鄉下醫務所才把瘧疾慢慢的從我們鄉村一掃而光。

沒有壓力的日子

大戰期間對鄉下小孩子來說，其實不是樣樣都苦，停課時整天在外面遊蕩不說，那時大家只顧三餐和生命，根本管不了升不升學，談不上升學壓力，家長們也暫時不必為小孩的教育和升學費心。既然學校上課與不上課並沒什麼兩樣，即便是上課日，小孩回到家裡也不必複習功課或做習題，所以晚上天天坐在外面乘涼，不是到處亂跑，便是到處抓火金姑（螢火蟲）。

鄉下一到晚上，燈光就是有，也只是幾盞小電燈或油燈發出黯淡的紅黃光而已，因為沒有空氣污染，空氣清新，一到夜晚，躲了一整天的螢火蟲，如成千的田野小精靈開始熱鬧，個個攜帶著一只小小燈籠在空氣中跳舞，凡人眼睛看得到的是漂浮舞動的點點燈光。天空還有數不清的燦爛星星的閃爍，像億萬叢煙火一起點燃爆滿的天空，不同的是沒有震耳的爆炸聲，代替吵鬧的喧嘩是唧唧的蟲鳴，偶而流星劃過天空更引人遐思。

有一段日子姑姑來跟我們同住，晚上坐在外面乘涼，除了享受星光與螢火蟲外，我們小孩總是吵著要她講故事。記得她知道的故事大半來自鄉下歌仔戲中的劇情就是從前的肥皀劇，亦即情愛故事，對情竇未開的小孩，一點都不覺得好玩，所以現在什麼故事都記不起來了，但小孩子吵鬧著要聽故事，她講還是要講。

就這樣，我們無憂無慮的度過了我們的童年。

戰爭帶來的極端艱苦生活下，正規的學習機會間斷了，換來的是在自然環境中順其天然，從周圍事物的體認中逐步學習，無意中也養成了對自然的喜愛和尊重。日後感到西方征服自然，以改進人類生活的積極思想與態度，雖然值得落後國家人民學習仿效，但這種態度已然造成無法彌補的全球性氣候變遷、溫室效應和臭氧層的破壞，這些現象也僅是科學家已經偵測到的人為災禍，未預料到的災難應會接踵而至反噬人類。

到底自然是經過幾十億年的演變和進化，大則環境和氣候，小則在生物食物鏈的相互依賴和共存，都已經達到了動態平衡。人類觀念的突然改變已經造成自然的失衡，我們正確的態度是學習如何與自然和諧共存，在不破壞自然生態環境下充實精神和物質的生活。人類從低等動物經過了數百萬年的進化，才有今天的「人」和文明，而文明的滋生也不過是一萬三千多年的事。產業革命更為短暫，只經過不到三百年，比起十二億年宇宙的年齡和五億年地球的形成史是何等的短暫，簡直是微不足道的。如果我們一心一意只想利用自然，忘了好好保護它和經營它，這個有限的地球還能養活貪於享受和人口不斷增加的人類多久，這是需要所有國家和人民一起來深思的。

把地球看為天體的一部份，溫室效應和臭氧層的破壞都微不足道，軟弱的生命卻已經受到了威脅，不能避免的，地球再經過幾十億年，溫度必會逐漸降到宇宙的平均絕對溫度三度，在這種溫度下沒有任何生物能夠生存。當我們談到永續發展，從自然的演變說來，人類和動物也只不過是無限時空中極為短暫的存在。對人類本身來說，這種存在應該有其特別的意義和價值，我們的努力正是為了在人類存在時，在不妨礙他人的前提下，能夠享受自由自在而快樂幸福的生活，並在無限的宇宙時空中，留下值得自傲的一點記憶和痕跡而已。

戰前台灣農業社會的生活方式

現代國家急需解決的問題是如何取得乾淨廉價的能源，如何處理各類各樣的廢棄物，包括有毒和輻射的廢棄物，以減低對環境的污染與破壞，並永續保護自然資源和生態。空氣和水的品質對人類與地球健康的影響是很容易受到民眾注意的，因為這些污染人人體會得到。而由於聯想到核子彈，大家對輻射污染最為敏感與恐懼，反之臭氧層的破壞和二氧化碳所造成的溫室效應這全球性的災害，其影響不易為一般人所察覺，但和輻射污染一樣，甚或更為嚴重。

在此我想談談六十年前台灣鄉下人是怎樣過活的，那時我們還沒聽到「環保」這個名詞，也毫無概念可言，一般人的生活習慣卻遠比現在符合環保原理。現在日常用的不易風化的石化產品如塑膠等尚未發明，也沒有很方便但會造成環境浩劫的塑膠袋和保麗龍等日常用品，主婦上街買蔬菜和肉類，不是自己帶個菜籃便是用簡單的草繩綁一綁而已，要買米，帶個米袋到米店以斗計量帶回家。如今很少人願意吃剩菜剩飯，當食物缺乏時很少人有剩菜剩飯，即使有，也會隔日再吃，不吃的留下來送給隔壁鄰居養豬，一根菜、一粒飯都不會浪費。報紙看完、可用來包東西或用來生火煮飯，一天下來幾乎找不到什麼垃圾，就是有一些些也會在家附近收集成堆，偶爾燃燒一次後，還把灰燼用做肥料。反觀現在，我們到超市不管什麼食物總是層層包裝，就是水果也先裝在保麗龍上，再以塑膠膜包住，有時要吃一塊餅乾塑膠膜還撕不開，似乎是製造商故意設計來考驗我們和自然環境的耐心，這樣一天下來，單單這些沒什麼真正效用的塑膠產品就可裝滿一大塑膠袋，只是用來滿足塑膠商人的生意經和消費者的小方便。以前衣服、生活用品和家具總是用了再用，破了補了再補、壞了修了再修，不像現在政府在生意人的壓力下，要大家只要有點舊，馬上汰舊換新以製造新商機，卻不想想有否真正提高了我們的生活品質。

那時就是人的排泄物也利用來當肥料，不會浪費掉，因為沒有私人汽車，大家不是走路便是以腳踏車代步，沒有廢氣也沒有空氣污染。在農業社會裡，人的流動性低，不像現在動不動就到國內或國外景點旅遊，所以那時交通量很低，汽車火車班次遠不如現在頻繁。當然不是所有舊時的生活習慣都是健全的，燒碳或木材會污染空氣，糞便未經處理就用作肥料，裡面寄生蟲蛋，很容易又從食物潛入體內，如有一天，我家小弟醒來發現口中有隻長達十幾公分嚇人的寄生蟲，自然肥料處理不當的衛生是個大問題。到底古代農業社會的生活方式，不可能適合於現代工業社會，但那時勤儉的生活習慣與態度卻值得現代人仿效。

地球的資源有限，人口控制困難，節省資源是少破壞自然環境和生態的最有效方法，做得好並不至於降低生活程度。其實誰都知道這種淺而易見的道理，能夠身體力行才是關鍵，我就天天看到那些言行不一的政治和社會領袖，他們每餐大魚大肉，坐的是喝汽油如喝開水的超大型驕車，他們只會用大道理來賺取選票和名聲，卻從來也不檢討自己的行為。這些人講了一大套大道理也只是白講，因為民眾競相模仿的是這些名人的實際生活方式，名人言行不一反而會造成民眾意識的錯亂，他們錯以為奢侈華貴的生活方式代表個人成就，才能獲得民眾的尊崇和敬重。

台灣近幾年來在生態保育工作的推動進步不少，即將消失的本土動植物慢慢再出現。台灣處於亞熱帶，溫度適中，雨水豐沛，動植物生命力旺盛，只要我們注意到問題並稍微用點心，很容易做好保育工作。河水和垃圾問題則仍有待努力，與其建造焚化爐時抗爭不斷，不如大家用心減少垃圾量，而有毒廢棄物則需靠商人培養公德心，以最先進的科技來處理，政府也需嚴密管制並嚴格執行環保法律。

提到產業政策，從台灣永續發展的觀點來考量，我們必須認清台灣是一個人口密度高，土地、水、空氣與其他自然資源都非常缺乏的國家，唯一不缺乏的是人力與腦力，知道了這些特性，我們便不難制訂最佳久遠的產業策略。台灣必須往高知識和智慧、高收益、少污染、省能源與資源的產業發展，像養豬養雞業、石化工業、鋼鐵工業、塑膠工業等都不適合用來賺取外匯，製造足夠自己用的產品也就可以了。

最重要的就是，我們不能只顧發展經濟和賺錢，而忽略了生態與環境的保護，也不能忽略了培養人民的公德心，不能縱容貪婪的人性。我們必須認清高消費和豪華奢侈不能與高生活品質畫上等號，我們該追求的是高生活品質和心靈豐富的人生，不是物質富裕，卻高度浪費和心靈貧瘠的生活。我們也不能因經濟發展的需要，就佔到未開發國家人民的便宜，也就是說我們自己所製造出來的廢棄物，要盡可能由自己開發技術來處理，不能以廉價賣給窮國家，用破壞外國環境來提高我們的生活品質，他們遲早會怪罪我們是醜陋的台灣人，就像RCA在台灣污染環境，二十年後仍然被我們唾棄為醜陋的美國企業。國家和個人一樣，需要有責任感與功德心，要不然每個國家都只為自己的利益著想，世界永遠不會有太平的一天，況且地球只有一個，溫室效應和臭氧層的破壞不限於哪一個國家。

第三章　台灣「光復」和國軍來台接收

一九四四年春夏，報紙天天報導美軍繼佔領菲律賓之後跨過台灣，已經開始登陸沖繩群島，也報導日軍如何奮戰而玉碎（軍隊全部被殲滅之意），及平民傷亡慘重和美軍機B-29大舉轟炸日本大都市的消息，美軍對台灣的轟炸與空襲反而趨緩了。那時謠言滿天飛，大家猜測佔領沖繩島嶼後，美軍會直搗日本本土。而台灣之所以被跳躍過去，是因為留在中國（支那）的「愛台」志士為了避免太多的同胞傷亡，請求蔣介石向美軍交涉的結果。上述是否為史實，而蔣介石有否影響力來改變美軍軍事戰略，都是值得歷史學家去探討的，如果是史實，也許台灣人還會因感激而忘了他後來在台灣的惡行。

其實用不著有多少軍事知識，只要稍微思考一下就會瞭解美軍根本沒有登陸台灣的必要。沖繩島嶼多而小，難於防守，容易佔領，佔領了沖繩，美軍便有接近日本本土的軍事補給基地，同時日本也會失去台灣和南洋的資源補給，而先佔領台灣所需付出的代價太大且沒有戰略價值，顯然美軍早就如此計畫，不用浪費人力和資源先攻下台灣，這是台灣人不幸中之大幸。沖繩群島淪陷後不久，先後是廣島和長崎遭受原子彈攻擊的消息，美軍即將登陸日本本土已經是預料中事。

「光復」時的興奮

一天早上，忽然聽說日本天皇要透過收音機向全國人民做重要宣告，時間未到，大家已經猜出大半，都坐在收音機旁等候著天皇的宣言，果然不出所料，天皇宣佈向聯軍無條件投降。

我那時年齡還太小，投不投降到底是怎麼一回事也搞不太清楚。據說很多日本人聽到這消息都抱頭痛哭，鄉下台灣人有的興高采烈，有的不知是怎麼一回事，有的根本就不在乎，不過多數人都希望戰爭一結束，生活就會好轉。我還很清晰的記得父親聽到日本投降的消息時相當振奮，他告訴我們這些不懂事的小孩，台灣即將歸還祖國，我們不再是日本的殖民地，以後大家包括我們這些小孩都有機會「做大官」。這是中國固有文化在作祟，人人想要科舉榜上有名，人人想當大官，只因日本殖民台灣時，舉凡大小官吏一概輪不到台灣人的份，台灣人至多也只能在鄉公所和區公所當個小主管或小職員，因此台灣的知識份子清一色往教書和當醫生發展。父親所指當大官，到底是傳統東方思維下的「飛黃騰達」人生，或是當家作主的意願，就不是我們小孩能夠瞭解的，也許連他自己也不見得知道，也許他只是不想再當被歧視的二等國民而已吧。

殖民地的小孩看不到親戚當官，搞不清楚什麼是官，不過知道有機會「自己統治自己」，必然是很多受過教育的大人們心中歸還給「祖國」的最大願望。我們這些小孩子一聽到父親的話，高興得往街上跑，大聲叫喊：「以後我們可以當大官了」。沒有想到這個夢想並不因台灣的「光復」而有所改變，台灣人還得抗爭五十多年並犧牲無數生命後，才終於從蔣家政權手中爭到當家作主的權利。但是我想問一句經過國民政府教化過的台灣人，到底還有多少人心中真正想要當家作主，如果沒有意願當家作主，那麼那些為民主自由奮鬥甚至於犧牲的人，不都白費了他們的生命嗎!?

日本人和台灣人、中國人、美國人或歐洲人，也許在文化上有不少差異，但在人性上並沒什麼兩樣，有好人也有壞人。中國人因為第二次世界大戰期間被日本軍國主義所蹂躪，特別懷恨日本人，誠然在軍國主義號召下，不少善良的日本人也在環境的影響和同儕的壓力下失去人性，橫施暴行。在都市中，日本天皇一宣佈投降，平時喜歡欺負台灣人的日本「狗仔」，躲得起來的全都躲起來了，無處躲避的，被打的被打，被糟蹋的被糟蹋，聽說沒有一個人敢反抗。在我們鄉下，因日本人本來就很少，我不只沒親眼看過，也從沒聽說過日本人被打的消息。是時鄉下人心地善良純樸，就是曾被日本人欺負，只要不是太過分的，過去了也就算了，他們還不懂得報復，當然也常聽到不少在都市的台灣人設法隱藏和保護日本朋友的故事。

這與五、六十年後台灣人的普遍心態，有很大的差異，現在民眾不管什麼芝麻小事，只要心中不快，動不動就黑函滿天飛，丟雞蛋、撒冥紙，無所不為。為謀權、謀利而殺人、放火什麼都來，黑道、白道橫行，商人、民代和官員勾結謀利，台灣社會不再見到樸實的風氣，早已變成充滿暴戾的墮落叢林。這些都是台灣從農業社會轉型為工業社會，從威權社會轉型為民主社會時，政府沒能好好宣導與教導民眾的後果。也是因為我們的立法委員和議員，天天為權謀和統獨議題在國會和議會殿堂上爭吵不休，每天在電視媒體上展現他們的語言和肢體暴力，導致了社會的病態。

自從政黨輪替後，我們的社會理應逐漸邁向民主自由的制度，但事實上台灣人在國家認同上的分歧造成不斷的鬥爭，使國家更加紊亂。有人說台灣人早已走出悲情，我不同意這種看法，台灣人因為在國家認同上得不到共識，到現在還沒有辦法脫離悲情。很多台灣居民缺乏台灣心，他們也許幾代前就已經移民到台灣，但在思維方面，他們又陷入了國民政府教化下的大中華民族主義思想的枷鎖，他們從來也沒有認同過滋養他們大半生的人民和土地，台灣對他們來說只是個地理名詞，只是一棟房子，一張飯票，中國才是他們的祖國和真正的家，才是他們內心的寄託和心靈的歸宿。

想想國民政府雖然貪污腐敗，以致於在幾年內把整個大陸葬送給中共，在扭轉台灣民心方面可真是大天才。這種同化他人的天分，來自根植中國人基因中幾千年來堅定的「中原」思維，自己想充當世界中心的期待，和想當四周圍國家「宗主國」的意願。在台灣的人民不把自己居住地當作自己的國與家的奇特心態，在世界上是很少見的。我無法瞭解的是在台灣為什麼有族群問題，多數「外省人」不是與多數「本省人」一樣，都曾經受害於蔣家和國民黨政權的腐敗嗎？國民黨的曲解所造成的國家認同與族群矛盾，已經造成了年輕人的心裡壓力，也難怪民調顯示我們的年輕人憂心的不是自己的前途，反而是國家的「政治前途」。所有台灣人唯有不忘記悲情，但學會容忍與寬恕，才能以愛心凝聚全民力量，共同為這塊土地上的人民的遠程理想奮鬥。

「國語」的推動

被「祖國」遺棄，淪為日本殖民的台灣人，在二次大戰結束前是道地的大日本帝國子民，所謂的「國語」指的自然是「日語」。台灣光復初期，大陸過來接收的官員為數還不算多，鄉下不是接收人員優先去的地方，日本統治時代鄉公所小職員本來就有台灣人，「光復」了也沒什麼兩樣，日本人經過五十年來在台灣建立的制度暫時留用，一切運作和轉型還算順利。

學校所用語言開始由國語（日語）轉為台語，很快又從台語轉為「國語」（北京話）。剛光復時潭子國小會講國語（北京話）的老師一個也沒有，政府一方面要老師們到台中市受訓，一方面也和戰前日本人一樣開始提倡講國語運動，只是不用日式的利誘方式，而是改用處罰來推動。這些半路起家的國語（北京話）老師一邊學習一邊教學，所教出來的學生有濃厚的台語腔調是避免不了的。大家熱心的學習，好在小學老師都很年輕，不到兩年不管是老師或學生都已能用粗淺的國語交談，上課也用帶有台語腔調的國語來教學。後來上中學和大學時，外省同學多了，當然有很多機會學好國語，但是外省和本省同學在政府刻意區分的情況下，雖然和平相處卻不易成為親近的朋友。事實上，大陸各地來的老師們所講的國語也全是些南腔北調的「國語」，對改正我們的發音幫助不大，到後來，我同班的本省籍同學很少能講沒有濃厚台語腔調的國語，我一生被嘲笑為講的是「標準的台灣國語」並不足為奇。

國民政府在台灣推動國語運動非常成功，主要是因為剛光復時台灣人民興奮於回歸祖國，很努力學習講國語，比我們低一兩班的同學，他們很快學會講一口流利且標準的國語。值得我安慰的是，看到大部分大陸出生的外省人當了幾十年官，連講點像樣的國語都不會，他們一方面強迫本省人講國語，一方面卻沒有意願自己學好國語。這些人一到台灣就以戰勝者的心態統治台灣，雖然自己講的全是家鄉方言，卻強迫台灣人講國語，用以顯示他們的威權。正如女權運動者告訴我們，不少男人至上的男人不是真正喜歡女人或性，而是用性作為控制女人的工具而已。奇怪的是，恥笑我講「台灣國語」的一些台灣人，卻從來也不會去笑那些講南腔北調的外省人，這些本省人在日本和「祖國」殖民政策下已經培養出奴性，比強迫我們學國語的那些日本人和外省人還不如。往後在民進黨的督促和協助下，李登輝總統成功的推動民主改革，許多舊政府官員為了賺取選票才努力學台語。

大家應該看看，就是在大陸能講比較像樣的「普通話」的人也不多，大多數的人講的都是各地的方言，也因如此，各地還能維持其獨特的文化色彩，使得其國家的文化多元、豐富且有趣。到香港看看吧，即使香港人在英國不平等的殖民統治下特別嚮往回歸中國，他們還是不喜歡用外來語，舉凡街名、地名或路名，無不保留廣東話的英語發音，不願意採用普通話發音。不少台灣人以國際化為由支持採用大陸的漢語拼音，其實多半外國人不懂得漢字，他們以發音來記憶地名和人名，採用哪種拼音對他們都沒不同。拼音用途主要是做為小學生的語文學習工具，發音正確、學習也容易的系統就是好系統。很多人自認為中華文化比其他文化優越，而且以能同化其他民族的文化為傲，這種「中原優越感」在世界上並不多見。我在世界各地走透透，很少聽過其他民族自認為他們的文化比其他民族文化優越的言論。雖然德國人他們一樣自傲，認為日爾曼民族是世界上最優秀的民族，不過他們還不敢說自己的文化是世界上之最。也由於德國人有偏激的民族優越感，才會有希特勒的崛起，導致二次大戰的慘敗。

初次接觸到國軍

台灣光復不久，有天學校來了好幾百名國軍，他們雖然是戰勝國的軍人，但卻與戰爭末期進駐潭子鄉，穿著整齊看來雄赳赳的日本軍隊無法相比。那些國軍，職位低的小兵服裝既骯髒又破爛，腳穿的也不是皮鞋或布鞋而是草鞋，走起路來隨隨便便，既不端莊也無氣派，軍官穿的是黑色「包鞋」，看來好些但也好不到哪裡，更不用與日本軍官的服裝相比了。軍車少之又少，行裝多半由小兵以扁擔辛苦擔著，對於看過日本軍人穿著的鄉民，與其說看得希奇不如說失望。

還好這支國軍進駐我們學校後，平常比日軍更少和民眾接觸，軍官和老師之間雖有點來往，但也只是相敬如賓，應是深恐來往多了就會出事似的。軍官有時還會教教剛開始學國語的老師們，說幾句腔調濃厚的國語。然而紙包不住火，不久鄉民對國軍的印象終於傳到他們的耳朵裡，他們對老師做了不少解釋，後來老師告訴我們其實國軍能在極端艱苦情況下抗戰，還能戰勝敵人，更令人欽佩。那時流傳著國軍教育程度低落，連左右都分不清等謠言（事實上我自己也左右不分），所以訓練行軍時，教官只好要小兵一腳穿布鞋一腳穿草鞋，教官就喊：「布鞋、草鞋、布鞋、草鞋……」來訓練整齊的腳步。他們待了幾個月就搬到山腰處兵營，學校也回復正常，這次經驗對鄉民來說有些失望，好在國軍雖然不如日本兵來得氣派，倒也嚴守軍紀，大家對祖國軍隊並未產生反感。不少「有頭腦」的人接受了他們的解釋，欽佩他們能在那種艱苦的情況下抗戰並且終於戰勝。但真正動過腦筋的人很清楚抗戰的勝利主要功勞來自美軍，中國軍隊的貢獻在於牽制幾十萬日本大軍，但同時滿州卻也供應了日軍大量的戰略資源，而在大陸的日本軍隊，又怎能影響因恐懼原子彈威力而決定無條件投降的日本高幹呢？

幾年後我上初中時，情況完全改觀，大陸淪陷，國民政府軍隊大量撤退來台，軍紀渙散，一時間，以往絕少聽到的強姦、搶劫、殺人等嚴重犯罪幾乎天天發生，也和國軍有關，民心惶惶，一下子民眾對國民政府失去了信心。為了維持軍紀，有一天政府在台中市水源地（現今的體育場）公開槍決了十幾個為非作歹的軍人，雖然駭人聽聞，但一時人心安定了。不過不到幾個月，軍紀又開始敗壞起來，同樣的事一再發生，只是這次看多了，民眾逐漸習慣於政府官員和軍人的腐敗，近朱者赤近墨者黑，本省人逐漸被同化，學會那一套，甚至於青出於藍，有過之而無不及。不到二、三十年，即使在爭奪政權時雙方還會使出族群的神主牌，事實上，不管在思維或行為上都已區分不出「本省人」和「外省人」，本省人早就被徹頭徹尾的同化了。

我在世界各地接觸了不少民族，看到華人尤其是中國人，最喜歡說：「中國人是很聰明的民族」，這句話在台灣常聽到，到大陸幾乎天天聽到。我倒想問問他們，難道其他民族就比中國人笨，其實這種自我誇張的習性，正充分表現出民族的自卑心。民族優越感以德國人為最，德國人不自誇聰明，而是自認為日耳曼民族比其他民族優越，優越代表的是聰明、堅強，和有教養、紀律和訓練，是他們征服其他民族的能力。中國人最驕傲的是蒙古人和滿清人侵入中原的命運是被中華文化所同化，那是因為中國有優越的中華文化。同化是柔性的征服，這種想法不是和德國人一樣的帝國主義嗎？文化應該是一個民族特性的表徵，不是具有同化別人的顯性文化就代表文化的優越，何況並不真是優越的文化才能同化別人，而是多數人的文化會同化少數人。另武力也能促進文化的傳播或消滅，英語文化能在全世界普及是武力促成的好例子，中華文化在台灣生根也是個好例子。

我們喜歡把文化認定為是族群高尚的思維和行為，難道腐爛的部分不是文化的一部分嗎？正如世上沒有一個人完全沒有疾病，疾病本來就是人的一部分，同樣的腐化也是文化的一部分，不承認壞的只驕傲於好的，是自我陶醉也是自欺欺人。中國人除了以中華文化自傲之外，也該反省文化中的弱點，我常想如果我們也有「比較民族學」，把民族特性像文學和藝術作品一樣來加以客觀分析、批判，它必然是一門很好玩的學問，但也難免會產生無止境的論戰和吵架。預料得到的是在這類國際學術研討會上，中國和德國的「學者」必然會為維護自己文化和民族的優越性爭吵不休。

田莊慫和街阿愿的競賽

很快的我們兄弟達到升初中（國中）的年齡，潭子鄉多數文化家庭子弟上的都是台中市的小學，因此在我們之前就讀的班次，潭子國小很少畢業生能考上台中市的好中學台中一中和台中女中，和好職業學校台中商業學校和台中高工。當時想上好中學，和現在一樣，下課後還得惡性補習，大都市的學生可到私立補習班，但在小鄉下想升學的學生本來就不多，那有什麼補習班，我們只不過學校延長上課時間一兩個小時而已，和台中市的小學生沒有得比。

有天父親心情好，帶我們全家人到台中訪問他年輕時的一位結拜兄弟和他的親戚。父親小時從生意關係結交了三位好朋友，有一天大概喝了一點酒吧，動了情而殺雞血誓結拜為四兄弟，他這三位結拜哥哥後來在事業上都遠比父親成功，有一位成為代書，也就是當時的律師，有一位到日本成為飛黃騰達的台灣香蕉進口商總經理，另一位成為台中市非常成功的企業家，後來被選為市議員和議長，那天我們拜訪的正是這位準議長和他的親戚。這位親戚剛好也有一對孿生男孩子與我們同年紀，當我們到達他們家門口時，小孩的父親告訴他們，我們倆兄弟在學校成績是如何的棒，那兩個孩子竟然毫不客氣的當場用日本話，一而再、再而三的把我們嘲笑和羞辱一番，說我們是田莊慫、鄉下佬（E-na-kappei），說鄉下的爛學校就是拿第一名也比不上他們學校最後一名等等，我們只是苦笑不知如何辯解。想不到幾年前我們才被潭子鄉的同學罵為都市佬，也不過是四、五年的功夫，我們現在卻已經搖身一變，又成為鄉下佬。不過佬不佬我們不在乎，至於第一名是什麼我還搞不清楚，我從來也不知道在潭子國小成績有沒有排名次，所以，事情過了之後，很快把這件事忘記。

不料兩三年後我們和他們又見面了，那時我以優秀成績考進台中最難考上的台中一中（初中），天佑也以狀元考進大家搶著要的台中商業學校，而他們卻只考上當時不太熱門的一所中學。再過幾年，我們上高中時又碰到他們，他們沒考上高中，留在父親經營的米店當送米員，這次他們一看到我們很快把臉轉向另一邊裝作沒看見。其實我們一點都不在意，職業本來就不分貴賤，何況鄉下的小孩對嫉妒和虛榮心仍然陌生，只是蒼天在沒有我們認可下，替我們報了一箭之仇，可是我們無意也不樂意報這個只存在於他們內心的仇。之後，我就沒再遇到他們，或許他們現在是非常成功的台商，我誠懇的祝福他們。我們又何必學那些無所事事的鄰居主婦、主夫，羨慕別家的丈夫和太太能幹，別家的太太漂亮、丈夫帥氣、別家的房子和汽車豪華，及哪一家糞坑旁邊的草坪翠綠，也只有缺乏自信的人，才會一天到晚抓住周邊的人相比。

第四章　台中一中的初中生活

戰前潭子公學校是專供台灣小孩念的國民小學，畢業生在升學上，絕對無法與台中市專供日本和國語家庭小孩念的小學校競爭。戰爭剛結束，所有學校都未上軌道，鄉下公學校與都市小學的學生反而在程度上差距不大，反正大家都沒有準備好升學考試，考好、考壞，更像智商測試，也就是說不那麼受到有沒有受到好教學或惡性補習的影響。

夏天升學考試一完，我們發覺潭子國小升學率比預期好得多，也許還是創校後的歷史新高，有好幾個同學考上台中最好的學校，我與一個成績不錯但不特別出色的吳同學考上一中，而天佑成為台中商業學校狀元。其他只能考上次一等的台中二中與台中農業學校，後者是競爭最低的學校。之後幾年，潭子國小升學率一直不錯，這是台中一些著名小學沒有預料到的。

初級中學

五、六十年前台灣人口不到六百萬，台中市是人口二十多萬的第三大都市，因為教育尚未普及，市內中學寥寥無幾。台中一中和台中女中仍舊是男女分校，台中商業學校和台中師範則是男女混合學校，這幾所是大家競爭進入的中學，另台中工業學校也是熱門學校，但只有男生高中部，二中與農業學校則屬於第二志願的學校。學校分兩次招生，主要的好學校選在同一天舉行入學考試，而為了方便吸收沒考上的學生，第二志願的學校就稍為延後舉行。台灣中部各縣市的好成績男生都聚集於一中，每年級招收約三百個學生，都是中部的少年菁英——各地小學前一、二名的資優生，同學之間的競爭與潭子國小迴然不同。

鄉下來的我既不知競爭為何物，也不在乎與別人相比，那時只懂得玩耍與調皮，平時功課不覺得重，低年級時每天把習題做好也就算了，不需特別用功。用不著擔心成績差或競爭不來，成績好一點或壞一點沒什麼關係，好一點也不見得有什麼好處，各種考試也不太難，不用特別花時間去K書，考完試成績發下來總是不會差。第一學期期考完之後幾天，在寒假前我們到學校領取成績單，看看每一門的成績都還可以，便開始和同學們閒聊起來。有個住在台中市的同學問我拿了班上第幾名，我聽不懂他的問題，他罵了我一句傻瓜，把我的成績單搶過去，看了看指著單上名次處，說我在班上考了第一名。那時真的還不知道什麼是第一名，而第二名又有什麼關係，反正只要成績不太差，不會被父親責罵也就行，那時我也不在乎的馬上又和其他同學閒聊去了。回家後，父親看了成績單，心裡暗中高興，但只是笑笑並沒有給我獎品，也沒說幾句鼓勵的話，所以我也沒有特別的高興，至於母親平時就不管我們的學業也沒說什麼。

丁等的操行

第二學期學校開始試辦能力分班，沒意外的我被分配到能力好的甲班。同學們聽說我成績非常好，但個子小不適合當班長，糊糊塗塗的被他們推選為學術股長，學術股長平常沒什麼事可做，但每個學期一次的壁報比賽，要由學術股長負責。當時的我除了上課就是考試，和平時與同學們胡鬧外，什麼課外活動一概不參加，一方面是因為每天花很多時間在通學上，一方面也是因為沒有高班同學的提攜。

等到要出壁報時，我真的很慘，除了同學交來寥寥幾篇只夠填滿三分之一版面的文章外，也不知如何請同學幫忙，況且誰願意浪費週末（只有星期天一天），坐火車到鄉下我家來幫忙做壁報呢，所以整張壁報就全由自己包辦，一個星期天內胡亂拼揍，不足夠的文章全由自己填鴨式的補上去。

結果當然是可預料得到的，評審成績一公佈，我們這學業成績特優的甲班，壁報成績竟遠遠落在後面。同學的抱怨不用說，導師更是氣昏了頭，不只把我痛罵一頓，那個學期他給我的操行成績竟然是全班最低的六十八分，一個丁等，這是我一生所得到過的任何科目最壞的成績。倒楣的是這位導師也是我的數學老師，雖然我的數學在班上一直名列前茅，不知啥原因這學期的分數也沈淪到乙等，使我那個學期成績的排名掉落為第二名。好在父親在經我解釋了操行成績一事，加上第二名也還算過得去，所以並沒有責罵我。

充當「講義氣」的小英雄

考試舞弊或偷看是台灣學生的通病，料想現在如此，那以前一定更加猖獗，壞學生一定偷看，班上前幾名的同學也一樣偷看。那時偷看是時尚，還有一個特別的名詞叫做「看寧咕」（看-ing之音，看的現在進行式），不偷看還會被同學罵孤僻，是跟不上時代的傻瓜。我一生很驕傲的一件事是那時當跟不上時代的傻瓜，考試再難，也從不偷看別人的答案。

我也不讓別人偷看我的考卷，但是就有那唯一的一次，在初二時，一次理化課期中考，大概是友誼難推卻，竟把我的考卷丟給當時最要好的同學偷看，不料他一字不漏的照抄，這位同學是我們學校一位數學老師的兒子，這一抄雖當時幸運的沒被抓到，考試完便出了事。事情的發生是這樣的，考完試考卷一發下來，我照常拿了滿分，他一字不改的抄襲卻僅得到八十分，這位同學本來什麼都不懂，其實有八十分也該滿足才對，但他卻拿著考卷去跟老師理論。這位新來不久的年輕老師說他的答案雖然對，但方法不對所以才被扣了分。這個無恥的同學拿著考卷來跟我抱怨，說他是一字不改的抄了我的答案，我拿了滿分他卻被扣了二十分，言下好像說如果我的答案是錯的，我就不應該丟給他抄，他實在是被冤枉了等等。被他這麼一說覺得很抱歉，不知是因為沒有是非判斷能力，還是看多了武俠漫畫學會了俠義，講求「義氣」，我竟然自告奮勇的幫他去跟老師理論。老師很不耐煩的再看了那位同學的考卷，堅持說方法是錯的，不肯給他更改分數。當時也不知道是使了什麼邏輯在想，大概還是為了「義氣」，要不然就是罪惡感，我既然回去拿自己的考卷要老師把自己的分數也扣了，因為我的方法是一樣的。滑稽的是這位老師生氣了，一聲不問馬上把我的分數扣了二十分。這位有點吊兒郎噹的年輕理化老師，不但不仔細想一想我的方法有沒有錯，更沒有查一下這兩個學生的答案怎麼會一模一樣。其實我們是因為他吊兒郎噹才沒有被抓到，幸運的才沒有因舞弊而被記大過，損失了二十分還算便宜。

這些考試題目對我來說非常簡單，我有自信自己的方法是對的，為了有足夠的證據再與老師理論，我們又去找這位同學父親的朋友過目，他是高中部的理化老師，他看了半天仍然看不出所以然。在數理，方法不對而答案對的機率小之又小，他問為什麼我的方法看來好像不對，怎可得到正確的答案呢，後來我也懶得和這些只會循規蹈矩的老師們理論，也就算了。

這種事到我留學美國當研究生時又發生了好幾次，我喜歡用教科書沒有提到，自己想出的方法來解答問題，一生就因為不中規中矩，吃了不少虧。初到保守的賓州大學不久，教我們固態物理理論的教授開始時有點看不起我這個來自台灣的學生。第一學期的考試有好幾次他說我的答案雖然對但方法不對，每次總是無緣無故被扣十幾二十分，而且無法與之理論，期末只拿了個B。第二學期時，有次他在班上，推導不出一個公式，下一堂課仍然沒有解決，跟他作博士論文的一群理論研究生也找不到答案，我決定讓他們看點顏色。上完課本應馬上回實驗室工作，我卻偷偷離開實驗室，獨自躲到圖書館角落，在一個小時內把那公式解了出來，從此他對我另眼相看，那個學期終於拿到A。

有了初中那次讓同學偷看的壞經驗以後，我再也不肯把自己的考卷給同學偷看了，而那位心不在焉的年輕老師也不知是什麼原因，也許是覺得教學很厭煩，教書並不是他的興趣所在，第二學期他就辭職不幹了。想一想那次經驗，不止我得到了好教訓，學校也得到少一位對教學沒有熱誠的老師的益處，而我從此再也不做那種賠了夫人又折兵的傻事。那位同學卻什麼也沒有學到，他繼續偷看，到後來連升高中都出了問題，初中畢業後就離開了學校，顯然他身為數學老師的父親，一直沒有發覺自己兒子的問題，這位同學才有如此下場。

落花生的外號

初一和初二時，學校裡還沒有多少外省同學，也可能是外省同學都集中在另一班，至少在我班上一個外省同學也沒有。初二時導師換了一位從大陸剛來不久的年輕人翁老師，他戴著一副金邊的厚眼鏡，個子高，人長得斯文，是現在典型的帥哥，他也是我們的國文老師。

我從小就討厭死背文章和詩詞，認為那只是浪費時間，唸些新文學更有意義，因此有點討厭傳統的「之、乎、也、者」的國文課，平常上完課也就算了，不會再花半點時間去溫習。沒想到由於班上還沒有國文程度較好的外省同學，翁老師很快就發現我雖然個子小也調皮，看來沒有什麼值得注意的地方，但作文、考試和問答的表現都比其他同學好，有時全班同學答不出的問題，我總會給老師一個滿意答案，也因此沒過幾個星期，我就成為班上老師的最愛（寵物，Teacher's Pet）。他時常在班上誇獎我又聰明又用功，天知道平常只對理化數學有興趣的我，根本不花時間在國文或其他課程上，如果答得出問題，也只是上課時比較專心而已。

當時我們正好唸到一篇許地山先生談落花生的文章，內容我早已忘光，大概是談落花生的好處吧，落花生看來雖然小小的，平時長在地下沒人注意，就是開了花也不太引人，其實它又好吃又有營養，還有許多平常意想不到的好處。老師特別在班上說「班上的某某就像落花生一樣，個子小小的，看來一點都不起眼，其實他很聰明，功課也好。」所以那學年，班上的同學常稱呼我為「落花生」。我平時很少與老師交往，即使是欣賞自己的老師我也不會與之親近，但是那年國文成績頂呱呱不用說，操行成績也從丁等「量子跳躍」為甲等。本來上個學期才因導師的偏見，把我這個找不到同學幫忙，奮勇自己完成整張壁報的學生，操行分數打為丁等，而這個學期我什麼也沒做，只是學業成績獲得老師青睞，操行一躍成為甲等。

不過我也該講一句公道話，老師是人，人偶爾會被情緒左右其判斷，只要不太離譜，我們也不能太苛求。以前升學以聯考一試定天下，操行好壞不被考慮，其成績還不至於影響學生前途，現在聯考廢除後，學生申請入學將會受到老師介紹信好壞的影響，老師的責任更為重大。學生的操行成績和介紹信可就不能受到老師私人的恩怨和好惡所左右，所以，老師正確的判斷是何等的重要，今後老師更需謹慎，判斷也更需公正。雖然中小學老師在社會上有時得不到應有的尊重，但他們對小孩的成長和社會的進步所負的責任，卻是無比的重大，只要老師認真敬業，則國家前途無量。

抄襲、比賽和獎品

初二時遇上大陸淪陷，台灣一下子湧進了六十萬蔣家軍和近一百萬大陸難民。那是艱苦的時代，剛度過第二次世界大戰不久的貧窮台灣，不到六百萬人口，一下子面臨要支撐一百多萬逃難者的命運。

國民政府為了掌控資源和鞏固政權，故意區分外省人和本省人。很快的新舊兩族群的摩擦開始白熱化，二二八事件表面上看是由於私賣菸酒衝突所引起，其實是起因於人民積怨的發洩。當時我們還是不太懂事的小孩，對此事件有點意識但不可能參與。事件發生期間，學校除了停課幾天，也看到學校附近大官員的房子牆壁上有幾處彈痕外，我們上學和上課未受到嚴重影響，比我們高兩三年級的同學命運就截然不同，事件失敗後，有不少人永遠失去了蹤影。

不久後，我們學校很快增加了不少外省籍同學，在校內剛學中文不久的本省籍同學，在國文課上一下子無法出鋒頭。學校說為了鼓勵學生努力學國語，每學期都會舉辦不少比賽，作文有作文的比賽，書法有書法的比賽，賽完在布告欄上用鮮明的紅紙大毛筆字公佈得獎人名單，並且在升旗典禮時也會頒給一張獎狀和貴重的禮物，對學生來說，得獎是一項極大的鼓勵和榮耀。那時本省同學要在作文或寫毛筆字上贏外省同學簡直是比上天還難，不只是我們剛學國語不到三、四年，小學時的老師又非真正懂得國語，他們跟我們一樣是初學的。而外省同學已學了近十年，無法與之相比是自然的事，那個金校長竟公然說本省同學的智慧遠不如外省同學。

記得當時班上一位同學，成績中上但作文特別的好，比所有同學好一級，但國文老師死也不肯相信他的文章是自己寫的。不只不相信，在班上還會把他文章中寫得特別動人的句子唸給大家聽，然後嘲笑他一個初中生怎能寫出這麼優美的文句，他說連老師自己也寫不出來。很多文人和詩人在十幾歲時就已大放光芒，那有學生的文章一定比老師差的道理。這位同學除了拿個鴨蛋外，再怎樣申辯也等於白費，等到下個星期又是同樣的指責和又是一個鴨蛋，到後來家長抗議也無濟於事，這位學生還以抄襲被記了小過，從此他再也不敢寫好文章了，這位學生的文學天才就此被埋葬，好在他在別的方面也還可以，也只好往其他方向發展。而我自己還得慶幸雖然功課樣樣好，作文也比得上本省同學，卻好不到被老師指責為抄襲的程度，才能相安無事的生存下來。

情竇初開

小學五、六年級時對女孩子開始有點興趣，當時的社會，特別在鄉下，仍然非常保守，婚姻是藉媒婆尋找和介紹對象，再由父母做決定。東方古老文化中的男女授受不親的觀念作祟，學校裡男生與女生互不交談並分開玩耍，有一兩位比較成熟也比較不怕別人閒話的男女同學敢相互交談幾句，很快就會成為班上的「緋聞」，就會在班上被炒作一番，但這種事少之又少。偶而在路上碰到班上漂亮的女同學，最勇敢的也只是默默的微笑點個頭，一般的女同學則只回瞥一眼而已，就算如此，雙方都還難免臉紅。

好玩的是我在私底下和弟弟訂定互不侵犯條約，哪一位女孩子將由他來追，而哪一位則是自己的份，但事實上誰也不敢，也不會追誰。六年級時有個大我們一兩歲早熟的男同學，偶而會在手提小黑板上畫男人的熱棒拿到女孩子那邊招搖，同學們都裝得很正派只敢竊笑，也只會嗤之以鼻不去理他。過了兩三年他初二時，傳出他和台中後車站旁一家小吃店的女孩子有染的消息，女孩肚子一天天漲大，他只好退學結婚，從此輟學，一個人生就因早熟沒人指點而葬送了，性教育的重要可想而知。

初一、初二時我們對女孩子的態度並沒兩樣，坐火車上學時，每天車子擠得站位都很難找到，男女同學不得不擠來擠去，也算是通學時唯一愉快的消遣，可惜擠得太厲害了，對一個情竇初開的小孩子來說還是無法享受。初三時身體開始產生變化，對女孩子真的有興趣了，但男女同學談戀愛還是少之又少，倒是那時結交了一個同學，就是那個偷看別人考卷，拿不到好分數還要怪別人的那個同學。從他那邊學會了如何自慰，情緒開始恍惚不定，在課堂上無法集中精神，成績迅速滑落，到了初三時成績已經滑落到班上的第四、五名，這應該算是自己意志薄弱和交友不慎的結果。

初中最後一個學期，學校要我們填志願是否要繼續上高中，父親只肯讓我們兄弟念工業學校，我當然老實的填寫，沒想到因而保送高中的名單上找不到我的名字。我那同學的父親也是保送高中的審查委員，他告訴我，我之所以沒在名單中，是因為問卷裡我已經清楚表明不再上高中了，所以才被從名單中剔除。沒上榜在同學眼中被認為是成績變差，因而失足了面子，事實上這反而是件好事，免得和父親爭吵，但為了這件事，心情還是難過了好一陣子。

性騷擾事件

初中時一再的聽到初二、初三的女同學，特別是漂亮的女體育健將，到外地比賽住在旅社時，與體育老師發生曖昧關係的謠言。這些事是否屬於性騷擾或兩情相悅不得而知，但即使是兩相情願，老師就能接受毫無經驗的年輕小孩的感情嗎？在那時男性至上的社會裡還沒有「性騷擾」這個名詞，那時男女平等僅在喊口號階段，連婦聯會都還沒誕生，只要是不正當的男女關係，女方恐怕都被指為錯誤的一邊，故都不敢揭發。

女運動健將，特別是短跑健將，長得苗條可愛，四肢靈巧，彷彿比一般女孩子都長得漂亮。況且女孩子早熟，在保守的社會中男同學又不敢追求她們，女孩子也不敢主動向男孩子示好，小女孩愛上粗獷大膽的體育老師也是很自然的事。這正是封建社會的一大病態，這種事現在已經很少聽聞，那時結交小女孩對體育老師而言是一種時尚，如另一種體育競賽，好像體育老師沒有小女朋友便見不得同儕似的，幾乎有女生的中學都可聽到體育老師和小女生有染的謠言。

不幸的是我的心中情人聽說也被體育老師沾上了，我雖然感到一點失戀的痛楚，但到底與她並沒真正談過戀愛，所以談不上受到創傷。台灣光復不久，政府忙於安頓難民，司法系統尚未建全，父母即使知道女兒被性騷擾或被佔便宜也很少告到法院，而警察才不理這種事，多半「有辦法」的人都會找黑道大哥用恐嚇或武力的方式來解決爭端。這位女孩子的父親是個留日的醫生，祖父還是清朝的舉人，在鄉下是人人敬畏的鄉紳，也是富戶，據謠言他父親雇用了流氓去「勸」那個體育老師潔身自愛，問題才終於解決，女孩子好幾年後嫁給了一位商人。我們習慣於譴責黑道治國乃是民主社會的病態，但在沒有王法的國度裡，黑道兄弟講的義氣使用得當，也會對社會做出正面貢獻，這也該算是一個好例子。

高一時，另一個學校的體育老師與一個初二小女生發生關係，她是省運體育健將，這次女孩子懷了孕，家長終於有證據告到法院，老師被判刑關了好幾年。那女孩子嬌小可愛楚楚可人，當情人體育老師在監獄中時，她被一位空軍軍官看上娶了她，女孩和肚子中的嬰兒幸運的一起找到了歸宿。以後封建社會逐漸開放，自然的力量發揮它的功能，女孩子和男孩子開始能夠互相追逐，那種體育老師的另類競技歪風才逐漸從社會上消失。

爆發性的體罰和欺負弱小

初中時我的反叛性格仍未萌芽，雖然調皮好玩，但一直是個遵守校規，不做壞事。我身體有點瘦弱，卻是成績頂呱呱的好學生，但並不因此而能逃過老師的嚴苛體罰。第一次被打是初二時的事，有天課間操時，所有學生集合在操場跟隨著體育老師做體操，老師猛喊：「一、二、三、四，二、二、三、四……」，學生一邊體操一邊開玩笑的跟著喊，老師認為學生是故意搗蛋，就憤怒的謾罵，不少學生卻開始大笑，不過我沒有開玩笑的喊，只不過是忍不住跟著笑了一兩聲，但老師跳下講台，跑到排在最前面看來最弱小的我的面前，一句話也沒講，就使出了他的渾身力量，重重的揮打了我一記耳光。瘦小弱不禁風的我被強壯的體育老師一掌打到摔倒在地，有好幾分鐘聽不到任何聲音，也爬不起來，但還算幸運，幾個小時後回復聽覺，幸運的沒有耳聾。如果是現在小孩必然會告到父母去，父母必定會控告到校長或法院，但是在那威權時代，即使耳朵被打聾了，可能也只會自認倒楣而已。

我第二次被打是初三快畢業時，那時我們畢業生因為要準備升學考，學校特准不必每天早上到操場參加升旗典禮。有天早上升旗典禮鈴聲響了，學生慢吞吞的不加理會，童子軍教練大發雷霆猛吹哨子，學生還是愛理不理慢吞吞的走。這時我從火車站趕來剛好踏進校門，教練像一隻猛獸怒沖沖的問我為什麼不趕快跑，我回答說我是畢業生不必參加升旗典禮，老師竟怒氣爆發，不分青紅皂白的一拳就揮打過來，我一樣重重的摔倒在地，久久爬不起來。像「這類老師」專挑弱小的學生欺負，毫不思考的向學生施暴，難道他們當天回到家後，不會想到自己的暴行，不會感到後悔慚愧，會否想一想他們有沒有資格繼續留在學校傷人子弟？

專挑弱小欺負似乎是我們固有文化的精粹，我當兵時是隊伍裡個子算小的一份子，我們的士官長偏好個子高大強壯的小伙子，每次行軍時一反常規總是把個子高的排在最前面，個子小的排在最後面，這樣也罷了，每當要上靶場，那一箱箱沈重的子彈和手榴彈，竟一概由最後一排的幾個小兵來搬。想一想在盛夏大熱天，沈重的子彈和手榴彈的搬運，每次都專挑個子和力氣最小的我們來搬，這樣公平嗎，這種做法對嗎？

其實這些都只是反映出我們文化的特色，在社會上何嘗不是如此，弱者永遠是被欺負的對象，強者永遠佔便宜。舉簡單的街道禮節好了，在國外車子禮讓行人是天經地義的事，在台灣誰是弱者誰就得禮讓，砂石車是路上的百獸之王，再來是轎車和摩托車，行人自是碰撞不過，只好乖乖禮讓，雖然政府開始推動車子禮讓行人的規則，但又有誰來執法？在西方，弱者受到保護是做人最起碼的道理，打架時他們會專挑強壯者對打，打贏了也才感到臉上有光，打敗弱少有什麼光榮可言。古代西方騎士精神以保護弱小為高尚和榮譽的象徵，後來好萊塢電影把它羅曼蒂克化，使它變成只會保護美女和國王的勇士，其實我們社會需要和該提倡的，正是真正的騎士精神，不是教育一些只會奉承社會強者的小人。

忙於「採礦」的暑假

如今確切時間已經記不清楚，大概是過了初二或高一的那個暑假，父親忽然決定派我們兩兄弟陪一位對山地有點經驗的工友哥哥，到埔里附近的山區「採礦」，尋找用來把日式瓦片染成灰色的低品質石墨。家裡當時作的生意是專門碾磨石墨成為粉末，賣給瓦片製造工廠當作染料。應是一方面因為供應我們石墨材料的商人不可靠，另一方面也因父親不想看到我們兄弟倆整個暑假在家裡等閒，才想出了這個差事給我們。

我們三人來到埔里附近深山一小村莊，幸虧一位當地人願意把他新蓋好的一間小屋子出租，我們才有了地方住，花一天買好生活必需品，第二天就開始入山探礦。我們之中沒有人對探礦有任何經驗，因為此行是臨時決定，也沒想到先找幾本探礦的書看看，於是有如瞎子摸象般的碰運氣來了。我們每天大清早五、六點起床，在房子外面起個小爐灶煮點稀飯，以醬瓜餬口。用完早餐，每個人背著一瓶鋁水罐，和一個簡單的裝個荷包蛋和幾塊醬瓜的便當，肩上扛著一支鋤頭就往山中出發。我們唯一的工具就是肩膀上的那把小鋤頭而已，先是沿著山谷慢慢爬上山，眼光不斷的注意兩旁山壁岩石中有沒有露出黑色類似石墨的痕跡，如果看到，便用鋤頭把表面碎石挖開，看看裡面是否蘊藏著石墨層。兩旁山壁真到處可看到類似石墨的灰色碎石層，但總是不堪挖，裡面不是什麼都沒有，就是石墨質料太差，只是有些灰色的石頭而已，在我們這些毫無經驗者的眼光中，被判斷不值得再挖下去。

一步一步往山上爬，早上就這樣很快的過去，到了山頂已快中午，隨便找棵樹下涼快的地方吃起便當來，肚子餓了，簡單的便當也成為山珍海味。我們一邊望著山下的綠野河川，在徐徐吹來的涼風中，聽那位約三十來歲的工友哥哥談他永遠談不完的人生經驗，而後躺在地上在不知不覺間陷入酣睡。午覺醒來，我們便找另一條山谷，慢慢走著注視兩旁山壁，一路又探下去，由於高山把陽光遮住，山區白天比平地要短暫許多，太陽即使在正夏天也不到五、六點就已經下了山。每天回宿舍時，都已經是遲暮時分，匆匆忙忙準備晚餐，用完餐再聽那位工友哥哥談一些「大哥」的人生經驗，或看看星星或月亮，整個暑假就這樣一天又一天在不知不覺中消失。不過不是每天都過得這麼平順，山地午後偶而會下起一陣西北陣雨，身上雖然帶著簡單的雨衣，被雨淋濕還是常有的事。日本人經營山地很用心，林木砍伐後馬上會造林，國民政府剛統治台灣不久，環境還未被嚴重破壞，山坡很少看到種植蔬菜或檳榔，土石流只有大颱風時偶而才會發生。好在那年夏天午後陣雨似乎特別少，在我記憶中沒烙下特別深刻的印象，倒是有幾個下雨天留在宿舍休息，除了欣賞籠罩在薄霧下出奇平靜柔美的山巒外，不知還能做些什麼事。也許現在的小孩還可看看小說或電視，那時電視機還未發明，我們買不起收音機，小說對我們來說一樣是奢侈品，那些日子只能看看風景遐思而已。

讀者不用猜就該已經知道結果了，我們這些業餘「探礦家」整個夏天不知上上下下幾十處大大小小的山谷，不知踢傷了多少次光著腳的大拇指頭，磨平了不知幾層皮，就是始終沒有發現任何值得開採的石墨礦。暑假一過，很高興的回到家，父親雖然失望，卻也發現我們兩兄弟在短短的一個夏天內，不只皮膚曬得黝黑身體變得健康，身心似乎也成熟了許多。

當時台灣交通不便，偏僻地方更甚，山區與平地很少來往，宛如兩個不同的世界，我們兄弟剛到山中時皮膚白晰，在那些山地人眼中很像都市富戶人家的孿生兄弟，遠近的山地人莫不趕來比手劃腳，我們像一對熊貓被品評欣賞一番。有些年輕女孩也忘了當時保守的習俗，跑來羞羞答答的偷看我們。他們對我們客氣有加，不只把一間新蓋好的小房間租給我們，也把他們千節省、萬節省下來的雞蛋和少許雞肉豬肉以合理的價錢賣給我們，偶而還會送我們幾支熟得剛好特別香甜的香蕉，所以那個夏天營養要比待在家裡好些。

那位工友哥哥的人生經驗談，有時很粗俗，比如有天一個約三十多歲的當地山地人帶著他的十二、三歲的女兒來看我們，女兒的母親早已病逝，爸爸就和女兒相依為命，這位哥哥就開玩笑的問那女孩，要不要嫁給我們兩兄弟，女孩羞羞答答不好意思回答，他便問難道你一生都要當你父親的「ㄤ爸」（又是丈夫又是爸爸），不要嫁人？工友哥哥也時常誇大他的嫖妓經驗，其實他哪有錢嫖妓，整個夏天都跟我們一起，沒有一個晚上偷偷跑出去，就是有他意，山地樸素的民風也養不起妓女，不過他的吹牛多少也使我們認識了人生的另一面，我們也因而在短短一個夏天內變得成熟了許多。如今回想起當時我們所接觸到的人，不管是那位工友哥哥或是那些山地人，他們都有著未被污染的純樸、自然而善良的心，就像那些未被污染的清新的空氣和溪水，和永遠看不厭的翠綠山巒，還有晚上點綴天空數不完的燦爛星星一樣。

第五章　反叛的台中高工生涯

台中一中是中部最好的中學，初中同班同學爭著要留下來，但父親堅持工業興國要我們兄弟念工業學校，我們只參加了台北工專和台中高工的入學考。唸書不一定比別人用功，但考試可是我們的專長，我們雙雙以優異的成績考上了這兩所學校，弟弟考上化工科我則是電機科，為了節省開支，父親替我們選擇了上台中高工。初中時老師和父親安排我們兄弟上不同學校，現在又成為同校生了，不過我們還是上不同學科。

日治時代的工業學校和一般中學大同小異，學科和術科並重，光復後的台灣教育則開始採用美國制度，職業學校是專門訓練學生畢業後就職為技工而設計的，課程和一般中學完全不同。在台中高工，一般課程如國文、英文、數學、物理等，授課時間比一般中學少很多，而歷史、地理、三民主義、甚至於化學都省略了，多出的時間用來上專業課程、實習和製圖，後兩者都半是少動腦筋多動手的課。

一九五〇年初期，高科技仍未誕生，我們只有又重又髒的機工和電工實習，實習正是為了訓練做「黑手」，也就是實際動手的技工。因為高職學生一畢業就要就職不需準備升學考試，所以高職學生比起高中生的壓力要低很多，也因此我們高中時的生活是無憂無慮的，和美國的高中生很像，不因準備升學把青春埋葬了。既然功課輕鬆得多，我們每天下午下課鐘一響，大家便往操場跑，打球的打球，跑步的跑步，和普通中學的學生，特別是現在的中學生很不一樣。我當時迷上的運動是足球，三點鐘的下課鐘一敲，操場很快集合了一群喜歡踢球的同學，不是圍一圈踢球就是分成兩隊比賽，台灣不管哪一季節天氣都很熱，我總是運動得滿身大汗、面紅耳赤後才肯回家。

反叛的年齡

阿扁總統常提到他很自豪的一件事，便是念台南一中時，由於成績特優被校長召見。我念高中時不止一次被校長召見，不同的是我雖然成績一樣優秀卻非因此被召見，而是因為我批評老師，而被懷疑為共匪臥底的「職業學生」。初中時調皮靜不下來，因而得不到少數老師的青睞，初二時雖然得了個「落花生」的綽號，卻維持不了一個學期就被遺忘得一乾二淨。到了高中仍然好動，但又多了令老師頭痛的毛病，那就是反叛。對這種年齡的小孩來說，反叛是很正常的事，只是程度的不同而已，在我的情形它幾乎斷送了我的前程，也造成了不少人的困擾。

高中時大陸淪陷不久，台灣一時擠滿了大陸難民，中國人的美德是他們懂得如何照顧親朋好友，也就是懂得如何「牽親引戚」，這種美德救了當時被共產黨追趕到台灣來，已經窮途末路的國民黨政府，減輕了難民失業可能帶來的社會問題。那時，有沒有足夠的學識和能力，能否勝任教職並不重要，重要的是想辦法讓親朋好友個個有好工作，說不定有一天自己得依靠他們也未可知，於是，一堆教職工作都是在人情介紹中取得。但不勝任的老師會不會嚴重誤人子弟？有沒有搶走更能幹更合適的人的位置？這些對學生和對那些真正的教職人才公不公平可不在考量中，工作表現好壞更是次要，這就是中國歷代統治者的美德，也是他們藉以維護既得利益和穩定政局的好處方。大陸地大人才多，料想難民中人才濟濟，只是好人平時忽視人際關係，到了緊要關頭反而找不到適當工作。剛逃難來台灣時，不知有多少人才流落街頭，以賣燒餅油條和牛肉麵謀生，而懂得搞人際關係沒有真才實學的人，卻到處佔盡了便宜。

按理從難民中，學校應該很容易找到好老師，事實剛好相反，找來的老師程度參差不齊，天知道哪些人是靠人際關係進來的，又有多少人的大學文憑不是偽造或買來的，而是真的上過大學有能力教學的人。職業學校需要有專業知識的老師才能勝任，好老師尤其少，如果我們把程度低落的學校稱之為野雞學校，那麼我們該怎樣稱呼那些拿假文憑的老師呢？是野雞也是放山雞吧。

高二時來了一個只會吹牛的電機課老師，他說他是交大電機系畢業的，第一天上課、開口便罵其他老師來提高自己的聲望，說那些老師是如何的不負責任，沒有足夠的學識就要教學生，學生是國家將來的主人翁，老師不能亂誤人子弟等等。他講得天花亂墜，整整一堂課五十分鐘就花在閒談和吹噓上，上完課後我們這些天真無邪的學生還自我慶幸一番，這個學期終於來了一位像樣的老師。第二天，上課時間一到，他手上夾著一本「大學電機教科書」，挺胸方步走進教室令人肅然起敬，他開始講授他的第一堂課。但顯然他是什麼都不懂，不用說大學教科書，我看連初中理化教科書都不可能看懂，他翻翻書又開始談些無關緊要的事，一堂課五十分鐘有四十五分又花在吹牛上，剩下五分鐘時說，下一堂課我們將討論第幾章第幾節等等，這樣便下了課。到了第三堂課，他再也找不到話題可以吹牛，再也無法掩飾遁逃，他終於開始談一些電機，談到變壓器的基本原理，他唯一能做的是照書唸，學生聽不懂問他問題時，他的馬尾巴才真正露出來。學生問他為什麼變壓器的鐵心內磁場強度的公式裡有一個 4 π 的常數，他的回答是變壓器鐵心是四方形的，一邊有一個 π，四邊加起來共有四個 π。我聽完後給了他一個難題，我問那麼如果我們把鐵心造成圓形，沒了邊不就變成零 π，也就是說不會有磁場的存在了，事實上該常數一樣是 4 π，他只能支吾其詞，下課鈴聲一響馬上拔腿，逃之夭夭。

週記的秘密

當時學生必須寫週記，目的說是為了訓練學生寫作能力，其實是被利用來當作為監督學生思想的工具，一個天真無邪心中充滿著理想的高中生，哪會猜到這種政客的詭計。

我就在週記中抱怨由這種老師來教我們，我們怎能學到任何東西，又如何工業興國。一兩週後，有了我意想不到的結果，先是導師約談問我為什麼在週記中批評老師，我據實告訴導師，如果我們不換個電機老師，我們不可能學到任何東西，將來絕對無法和其他學校在就業考試中競爭，導師勸導說不易找到好老師和不要隨隨便便批評老師等等。一星期後，我仍然在週記中抱怨，這次是我自己先把課文念好，知道正確的答案後，再批評得更加得體。不得了了，這次不是導師而是校長親自出馬，他首先問我老師什麼地方講錯了，我細心的跟他解釋，他似懂非懂但有點相信我的解釋，校長同意找老師談談，最後還是講一些找好老師不易和不要亂在週記上批評老師的話。那位老師在課堂上的表現跟著時間下滑到谷底，我再也無法忍受這種老師，雖然被導師和校長找了好幾次，我在週記中的語氣已經柔和了許多，但還是希望學校努力找好老師。

顯然我是太天真了，當時學校中有政工人員，負責監視老師和學生的思想，這些人表面上隸屬於訓導處，其實是直接由情治單位管轄，當時校長必然受到政工人員很大的壓力，他一再地約談我，態度也逐漸露骨化，開始問我為什麼老師還沒教我就先知道答案，是不是我老早都已經學過了，我是不是哪個人派到學校來搗蛋的「職業學生」……等等。還不知道什麼是白色恐怖的我，只是一再地向校長解釋，因為擔心從老師學不到任何東西，所以只好自己先看書，校長心裡有數，一個土生土長的十幾歲小孩子不可能是個職業學生。被約談了三、四次後，我覺得再抱怨也沒用，而且到後來連天佑和家裡的朋友建築科的徐老師也因我的事被約談，事態變得有點嚴重。既然校長已經答應盡力找好老師，再抱怨也無濟於事，與其在週記中表達對學校和老師的失望，不如自己看書，我決定不再在週記中呻吟，很幸運的，事情就這樣落幕。

到了下學期，也許是那個老師自討沒趣，也許是親朋好友幫他找到了更好、更輕鬆、且更容易混飯吃的工作，在校園內再也看不到他的影子。新來的是位真正交通大學的畢業生，教書認真，我們的確學了不少「大學叢書」裡的內容。事隔多年，年紀較大，開始懂得什麼是白色恐怖時，想起這件事還真的有點恐怖，在政工人員施壓下，如果不是校長明理，換了那個台中一中我初中時的校長，也許我會以職業學生被逮捕定罪，抓到綠島也未可知。猜想如果抱怨的學生是個外省籍同學，他必然不會那麼幸運，那麼輕易的被放過，也許他早就失蹤了。

這件事可以說是我生命上冒了一次無知的險，卻也不是沒有收獲，我學到了不管什麼課或想做什麼事，與其依賴老師或別人不如靠自己，日後上師大時，除了一兩門課程老師教書還算很稱職外，其餘都是靠自己讀課外書來補足。其實在一個人的成長過程中，或甚至於他一生中，有多少是真正靠父母和老師的教導和指點學到的，而又有多少是他自己慢慢的、一步一腳印的看書，或從環境中以嘗試和經驗錯誤學到的，雖然欠缺數據，但我猜想後者才是一個人知識和經驗的主要源泉。

第六章　在真空中求成長的師大歲月

高工畢業後，參加政府舉辦的就業考試，以第一志願考進電信局，分發到中山北路北分局當技工。技工的主要工作是電話交換機的維護和定期測試交換機的性能，工作簡單，一旦學會再也沒有任何挑戰性可言。我們這一群高工畢業生不到一半打算就此定下心來工作，一半以上的人都只把電信局的職務當作跳板，早上把分配的工作做完，下午便躲到機房角落K書，準備明年夏天大學聯考，我因為父親一再地要我們幫助負擔家計，所以一直沒有考大學的計畫。

考上大學

我那些同事除了躲在機房K整個下午的書外，晚上還天天外出補習，回來後繼續K到深夜兩點左右才會上床，但一年後聯考放榜卻沒有一個人上榜。我特別不習慣的是同寢室的那群人，在晚上兩點前總是燈火通明，嚴重擾亂了我的睡眠。在電信局裡大學畢業生的職位是工程師，技工由他們來管理，實際上兩職位薪水相差不超過百分之三十，真正想做事的話，只要靠自己振作考上高考，在薪水和升遷上便可抵得上學士學位。我奇怪為什麼對這些人而言去念大學如此重要，竟然很少人有興趣準備當時比聯考容易得多的高考（現在已經相反）。有人告訴我大家之所以如此賣力考大學，是因為大學畢業後就可申請到美國留學，在美國取得碩士或博士學位後留在那裡工作，薪水可是天大的數字，每月可領到五、六百美元，即使研究生的獎學金都有一百八十元，而我們當時的薪水轉換成美金是區區的十五元。那時台灣的留美熱潮剛剛開始，報紙常常報導不少政府高官子弟在美國大有成就的消息。

在高工陳姓同學的慫恿下，我決定明年夏天也湊湊熱鬧去聯考，首先他要我跟他一起上補習班，我們一起補習了三個月後我便退出，認為自己唸書也就夠了，沒有補習的必要。我覺得唸書也用不著K到深夜，一天晚上唸三個小時到十點、十點半還不夠嗎？一個人真的有辦法集中精神，連續K七、八個小時的書嗎？如果不能集中精神，那補習或趕夜車也只是白白浪費時間，對學習並沒有實質效果。我除了高工時學到的課程需要趕緊複習外，還必須自己唸高工時沒有學過的化學和三民主義，好在初中時我的化學基礎還不錯，至於三民主義不過是背背孫先生的一些想法也不難。一年很快過去，暑假聯考後一發表榜單，我以優異成績考進第一志願的師大理化系，是我們同事中兩三年來第一個以正規聯考進入大學的。讀師大不用付學費還可領到一點公費，唯一的條件是畢了業必須到中學教幾年書後才能申請出國，沒有家庭資助的我也想不了那麼多，先讀了再說。

讀師大時是我一生中過得最無憂無慮的一段日子，功課輕鬆沒有壓力，日常生活靠公費、獎學金和家教的收入，雖然清苦還能應付簡單的生活，父親暫時不要我幫忙家計，心裡也暫時從父母的束縛下解脫。自由誠可貴，即使是父母的關愛一樣會阻礙一個年輕人的自由發展。大二時結交了一位同班女同學，就是後來的太太，開始談戀愛，生活更加寫意。

台灣高中生準備升學非常辛苦，在學校和補習班裡填滿了整個腦子的書本，姑且不在此討論有多少人能持久記得填鴨式所學和懂得如何活用，而一旦考進大學，功課輕鬆愉快，很少人不畢業的。念台灣的大學只要上課用心，每天再花一兩小時複習當天所學，並把習題做完，考試不需多少準備也很容易過關。美國大學剛剛相反，入學容易畢業難，高中生正在成長時多玩，多發展身心和個人興趣，大學時才拼命補足高中時所忽略的功課。

在讀師大大一時，有次我向物理課助教建議，他沒有必要指定那麼多習題來浪費我們學習的時間，他不同意我的看法，說他當學生時不只把老師指定的習題做完，索性把書上沒被指定的習題也全部做完，考試一到無往不利。我持相反意見，覺得學生最重要的是把書本的內容搞清楚，寫習題不過是些簡單的應用，不必浪費太多時間，我考試時不也一樣沒遇到什麼困難嗎？這位助教後來到美國留學，得到博士學位後也沒有聽到他在事業上有多大成就。

一般人均認為大學是學生從教授學習新知識的地方，我則認為大學不過是四年，現代科技知識和生活常識日新月異，幾年不自己學習就完全跟不上時代，甚至於會從職業上被淘汰，任何人都需要從小就培養自我學習的能力和習慣，所以大學最主要的任務是提供學生一個好的自我學習環境，讓他們發覺自己的天資與興趣之所在，同時大學也有替社會國家篩選人才的功能。大學生已經是篩選過的社會菁英，學生們有相似的智力，有了老師的輔導和同學間的相互觀摩與討論，除了很容易發現自己的天分和興趣外，也會減輕自我學習的難度。不管是入學考試或是平常的考試，它們都有一個常被忽略的重要功能，那便是替學生尋找自己天資和興趣之所在，以便他們專心往那些方向發展，如此一來也直接或間接的替國家篩選了人才。

遭殃的教授

我高中時的反叛到了大學並沒改變，仍然對沒有實力只會裝模作樣的老師感到厭惡，只是隨著年齡的增長，對付的方法變得溫和些而已。

上師大時，我們的普通物理老師是位受學生尊重的老師，他教我們普通物理時我覺得他還很稱職，算是勝任愉快，我對他也沒有搞什麼小動作。到了大二教我們電磁學時，他抗戰逃亡所造成腦筋的空洞化完全暴露了出來，他的題材內容過於淺顯不用說，錯誤百出令人感到無奈。那時我已經知道程度不夠的老師和他辯解也無濟於事，我激勵他的方法是在兩堂課中間休息時間，把他寫在黑板上對的部分擦掉，把錯誤的部分修改好後留著，讓他在上第二堂課時看到自己的錯處，他到底有沒有看懂我的修改，就不得而知了。

到後來，我知道要靠老師不如靠自己，那年的課程我只好到台大大門對街的翻版書書店，胡亂猜測買些國外大學教科書回來自己唸，也因如此，我留美上研究所時，電磁學成為我最強的一門課，同學們解不出來的習題碰到我都可化解。從聯考和這次經驗，我深信學校提供學生的是一個學習的環境，真正的學習還是得靠自己，觀念一轉，我不再抱怨老師程度太差了。這些經驗促使我日後當老師時，教書總是兢兢業業，深怕誤導了他人子弟，不懂時我一定會坦白的告訴學生，要學生和老師一起來思考，一起來把問題搞清楚來解決它，這種教學態度深得學生信賴。美國學生對我的教學，會有英語聽不懂，或打分數不公平之類不盡公平的評語，但他們總是稱讚我對課業瞭解的深刻，即使我從來不認為自己是個好老師，但我應該還不至於會誤人子弟才對。

殃及池魚

我對老師的反叛終於殃及鄰池的「鱷魚」。大二時一位化學教授寫了一部物理化學「巨著」，其實那不過是上下兩大冊的物理化學教科書。惟那時台灣科學界還處於真空狀態，就有某大學的一位物理教授翻譯了一本美國的普通物理教科書，竟一夜之間成為台灣科學界的盛事，那位教授也被媒體捧為國內的物理學權威和名教授，他很快被禮聘到台北知名大學物理系當系主任。而出版了兩大本自己寫的教科書的這位化學教授，當然是一位科學明星的誕生，國內科學界的新榮耀。

這位名物理化學教授以嚴格毫不苟且著名，他斤斤計較的是一字（數）不錯的計算，考試時考題不外是類似習題的計算，但是答案一定得精確到小數點以下四至五位數字，只要最後一兩位數算錯，那一題就是零分。要知道當時不用說電腦（Computer），連計算機（Calculator）都還未誕生，他認為計算尺精密度不夠，學生用來計算的工具是對數表，大家不難想像考試時大家急忙翻閱厚厚的一本對數表的景觀。學期初考完試考卷一發下來，有大半學生是零分，沒有一個學生及格，大家對這位老師不是敬畏二字可形容，而是恐懼與崇拜，我很幸運不需要修他的課，要不然不知要浪費了我多少寶貴的時間和精力。大概是好奇吧，有一天我向同寢室的同學借了一本他的巨著隨便翻翻，那時我自己已看了一兩本熱力學的原版書，對於熱力學極為嚴謹的邏輯推理方式特別感到興趣，所以當我翻了一下他書中討論熱力學的部分時，發覺書裡面錯誤百出毫無邏輯可言，我非常的失望甚至於生氣。基於挑戰權威的興奮，急忙寫了一封長達兩三頁的信，指出他的書中有不少推理的錯誤，很客氣的希望他再版時能加以修正。大二的我不敢期望大教授的回信，幾天後也就把這件事忘記，不料兩個星期後我接到了他一封厚厚的，寫得密密麻麻長達六、七頁的長信。我很仔細的讀一遍，信中他解釋書中每句都有經典為據，然後列舉這些句子來自哪一、二十本美國名科學家所寫物理化學書籍中的哪一頁，對我所提出的邏輯缺陷一字不提。我還未來得及回信就接到他召見的電話，我如期赴約，他還是一樣沒有一點自己的判斷和邏輯思考，只會引經據典和斷章取義，我感到無法和他理喻、或爭辯，只能與他敷衍了事，而這件事也就不了了之的被淡忘了。

高中時數次被叫到校長室訓斥，到了大學又惹上全國知名的大教授，想來這都是我喜歡挑戰權威的性格作祟，不只看不起胡言亂語的老師，也和喜歡引經據典斷章取義卻懼怕權威的大教授油水不相容。引經據典和缺乏判斷的崇拜權威本是東方文化的精粹，一般人尊崇的，不是那些滿腹經綸善於引用名人名句的人，就是「官大學問大」的人，對於其是否斷章取義或扭曲原意根本不在乎，這正是東方文化和西方文化本質上的不同處。西方學術和科技之所以能迅速進步，正是因為他們能摒除對於權威的崇拜和懼怕的心態，以客觀態度狂熱的追求真理。當然到底什麼是真理而我們能否解開真理之門，又是一門永遠扯不清，值得深入探討的學問。

在環境的限制下，我不得不在真空中靠自己的努力成長，這顯然影響到我對教育的看法，是否這種環境會減低一個人所能達到的最高境界，就不是我自己所能判斷的了。我們讀到的世界著名學者的傳記，他們大多出身名門再經過名人的指導或指點。舉楊振寧先生為例，他父親是位留過學的清華大學數學教授，雖然楊先生高中和大學時正值第二次世界大戰抗戰時期，讀大學時還遇上遷移至昆明，生活條件絕對比不上四、五十年代的台灣，但西南聯大的教授個個是中國的科學菁英，也多曾經留學西方受過世界第一流名科學家指導的學者，在大學部當學生時，楊先生已經接觸到最先進的科學研究。在民國四、五十年代的台灣是科學研究的真空狀態，日籍教授戰敗後或自願回國或被遣送回國，而大陸來到台灣的數理科學教授一般和研究完全脫節，師大教授中就沒有一個人擁有碩士學位，博士學位就更不用說了，我在學校不只從未接觸到高深的書籍或論文，也從不知科學研究為何物。到了賓州州立大學拜米勒（Müller）為師之後才真正進入科學研究，那時實驗儀器需要高度真空，我們天天為達到高真空費盡心思，因此我常笑自己一生都是「在真空中求成長」的科學家。

意外的素描課

讀師大的好處是接觸到的同學有不少在術科方面有特別天分，與他們同寢室天天生活在一起，自然對他們的課業也有粗淺的認知。中學課程中有不少術科如體育、音樂、藝術、工業教育等，這些課程的老師一般在學科方面的要求不必太高，要緊的是他們需要有嚴格的專業訓練，也要在專業方面有點天資，才能作育英才。因此聯考時報考專業學門的學生，一般學科成績可以低於標準約三十分便能錄取，惟他們必須通過嚴格的術科考試。我的一位高工同學就是如此考上師大工教系的，他們的術科考試包括工業藝術和工程畫等，而我學生宿舍同寢室的同學中就有幾位藝術系的學生，他們在繪畫、雕刻、雕塑等天分很高，耳濡目染下，我對這些術科也產生了興趣。

大一第二學期，工教系的陳同學來到寢室，秀他的炭筆素描給大家看，那已是他上素描課的第二學期，我覺得他畫得只差強人意，比他班上其他同學好些，但無法與那些藝術系同學相比。我不敢妄想和藝術家同一教室，只羨慕工教系學生也有機會上素描課，陳兄說他們素描老師從不點名，有興趣何不混進課堂中試試。抵擋不了他的慫恿，我買了炭筆與紙張，下一堂課就真的混進了他們教室。室內放著一個希臘石膏雕塑的頭部和上半身，同學們圍著雕塑，在上課鐘響前已經把紙張裝上畫架，繼續他們未完成的畫。我的同學是個好老師，他花了一兩分鐘給我些許指點，告訴我如何拿炭筆、如何用饅頭屑修改線條、如何拿一枝筆把手伸直再用一隻眼睛瞄準各部位的大小比例等等非常簡單的基礎步驟，我很快的進入情況，開始我一生的第一張素描。我用一枝筆左比右比先度量整個肖像的形狀大小，再決定頭部的寬度、長度及耳鼻的位置和比例等，然後畫出一個輪廓，接著才開始畫起細節來。

老師遲遲才到，他先從後面的同學開始一個一個仔細的指點，我坐在最前面，等到他來到我位置時已經離下課時間不久，我也已經畫了不少，他先看看我的素描，認為在陰影對比和筆觸粗細等方面都需要改進，在輪廓方面則大大的稱讚了一番，他對我說我畫得非常的好，怎麼好像他從來就沒有看見過我上課，以後不可以再蹺課等。我支吾以對，他看看我的畫還頂不錯的，也就不再追究蹺課的事，只說以後要按時來上課，之後又指點別的同學去了。同學們之間當然也相互觀摩，我發覺大多同學的畫比例完全不對，扭曲變形有如畢卡索故意變了形的畫，還不如我的第一張素描，而他們早已學了一個學期，我真不知他們學了些什麼，也許我高工時學過工程畫，在投影方面早已有些基礎才學得快吧。沒想到偷偷上了一個下午的課，就被識破以前從未上過課的事，五十年代時老師與學生之間是有距離不能隨便的，所以上不到兩三堂課後，我就開溜了，我們同寢室的同學後來都知道了這回事，也發覺我對藝術的興趣。

畢業後在台大醫院放射線科工作，週末還跟同事一起到醫學院的素描教室畫了兩三次，但因為準備留學考忙於學英文也就沒繼續下去。後來在賓州州立大學服務時，有次興致又來了，晚上跑去參加小城為社會人士舉辦的油畫課。一個星期上一個晚上的課，雖然是給初學的人開的課，但第一次上課時發覺多半的學生都已經學了一兩年。第一個星期老師講解油畫的基本畫法，然後就要我們自己選個題材開始畫，我不知從何處著手這一生的第一張油畫，所以不知難易，回家便請太太坐在硬板凳上畫她的坐姿。一個星期後拿去上課，老師給每一位學生指點，他看到了我的畫覺得著色有點像把彩色當糨糊塗在畫布上再混合在一起，髒兮兮的，被老師罵我沒有聽他的話，但他也很快發覺我人物的比例與姿態都畫得正確自然，除了對我的著色大大批評一番外，也稱讚了我畫的輪廓的正確性。他還告訴我，對初學的人來說，畫人物最難的是輪廓比例正確而不變形，的確，看看我同學們畫的人物，他們每個人看來都好像是畢卡索的門徒呢。當然畢卡索並不是無法把輪廓畫正確，每張人物畫才扭曲變形，他早年新古典派時期的畫中人物個個輪廓正確自然。是他隨著時代的改變，畫法演變為更多元，更有變化、創意和想像力，他探索新形狀、色彩、新技巧和新空間，表現內心的感受和潛意識，也有著不同派別的表現，他的畫遂有時如夢幻似的，有時卻是單調得令人莫名其妙之所在的近代畫。

到底工作了一整天，晚上還要出去學繪畫，不是我的體力吃得消的，而且也看不到自已有何天分值得繼續追求，不到幾個星期我又離開了。一個人的興趣隨著年齡逐漸蛻變，之後我就再也提不起興趣，也沒再動過畫筆。一九九〇年回到台灣，因為心中有話說，不得不嘗試寫文章，其實作文在學生時代就不是我的喜好，但是興趣即使是年紀大的人還是可以培養出來，人生的行徑就是這麼的無序而曲折。

學生宿舍的臭蟲大戰

上大學時國民政府天天喊著要「反攻大陸、消滅共匪」，國家預算有百分之八十以上用在國防，教育經費不足是顯而易見的事。學校沒錢，學生宿舍環境奇差，但能申請到宿舍已經是天大的幸運。我們八個不同院系的學生擠進一間不到五、六坪大小的房間，兩旁擺著四張雙層床，中間放書桌後，擠得水洩不通，連走路的空間都沒有。日後到美國看到他們的學生宿舍，不是一人一間房就是兩人一間房，雖不一定寬敞但乾乾淨淨，那才能算是讀書的好環境，我們宿舍和一九八〇年代在北京看到的北大或清華學生的宿舍沒什麼兩樣。宿舍伙食是大鍋飯大鍋菜，平常菜裡找不到一絲肉，一天可配到一片不到半兩的肥肉，吃不飽自己可以加菜，我當家教賺點錢，除了偶而看一兩場電影以外就是用來加菜，其他沒有什麼消遣，大家買不起小說或唱片，參加不起音樂會，現在年輕人流行的偶像崇拜還沒開始。

台北天氣又濕又熱，自來水時常乾涸，愈是夏天愈難見到滴水，喜歡乾淨的學生還會用毛巾乾洗一番，而沒有洗澡一身臭汗就往床上跳的同學大有人在，沒水的日子，公用廁所裡抽水馬桶的狀況，只能用慘不忍睹幾個字來形容。雖然生活條件如此艱苦，不同院系的學生住在一起，耳濡目染學到一些外系活動，增廣了見識，可惜大部分同學不知利用這種難得機會，除了本身的課程外，什麼也沒有興趣學習。

四年級下學期，不知為什麼忽然整個男生宿舍感染上千千萬萬隻臭蟲，剛開始時，是有人對臭蟲特別敏感，晚上睡覺被咬得全身紅腫，這才發現原來是臭蟲施虐，抓不勝抓抱怨聲連連，但就是有人不太怕臭蟲咬，咬了也沒知覺，我竟然屬於後者。我對跳蚤特別的敏感，只要房間內有一兩隻跳蚤，全身就會東一處紅、西一處紫的到處癢不能忍，但對臭蟲似乎有免疫力，咬了也絲毫沒感覺。起先以為只有不講究清潔的同學才會長出一床臭蟲，因為臭蟲都躲藏在床底下木板縫裡，而房間擠滿家具和衣服，光線暗淡無從找起，還不知道臭蟲會從一張床「移蟲」到另一張床。

有天發現不得了了，聽到同學在喊叫，大家爭先恐後的往宿舍走廊牆壁盯，原來他們正在看臭蟲的大遷移，或更正確的說應該是「大移蟲」吧。它們從一個房間遷移到另一房間，像螞蟻成群結隊在覓食或搬運食物時一樣，成千成萬的臭蟲在牆壁上排列成彎彎曲曲的一條線，從走廊一端遷移到另一端，從一個房間遷移到另一個房間，大家好奇的聚集著看這種從來沒聽說過或見過的自然奇景。我看到後一下子嚇壞了，如果臭蟲會從一個房間大遷移到另一個房間，哪有不會從一張床移到另一張床的道理，顧不得看熱鬧，馬上跑回自己床位，把自己床上的床單翻開，在床角縫隙中尋找，驚嚇的發現到處都是一窩窩的臭蟲，只因為自己不怕臭蟲咬，就自以為是愛乾淨才沒被感染到。國民政府喊了幾十年的口號消滅共匪不成，反而是我們在幾個月之內成功的解決了臭蟲之患。

美國阿拉斯加每年初夏幾百萬頭的麋鹿會從南部遷移到北部草原，當他們經過某一沼澤地帶時，成千上萬的蚊子會來攻擊它們，猛吸這些麋鹿的血，有些麋鹿受不了蚊子咬，會競相躲進湖水中，生物學家估計在那期間，可憐的麋鹿體重會減少百分之二、三十。我在猜想那時營養不良的我們，每個人早已瘦得像一隻猴子，還要被臭蟲來吸盡了血，我們的體重到底減輕了多少，沒人知道，如果有人仔細量一量，也許我們和那些麋鹿並沒什麼兩樣，自然就是這麼的現實而殘酷，以生命養生命或生命之間相互依賴。

政府預算的百分之七、八十用在國防，學校太窮，管理宿舍的教官哪裡想得出對策，而我們這些可憐的學生到處求救也只是白忙一場。學校附近藥房的殺蟲粉，不知用了多少種多少斤就是不見效，幾個星期後聽藥店說DDT粉非常有效，趕快買來到處灑，臭蟲才從此絕跡。那時還沒人知道DDT是劇毒的，不知道連飛禽走獸吃多了身中積有DDT的蟲和魚都會暴斃，我們夜夜半裸的睡在灑滿DDT的床裡呼吸打滾，好在只是很短的兩三個月時間，幸運的並沒看到有人生病，是否後來影響到我們身心的健康就不得而知了。不過在那些寢室的同學們，後來好像有不少人在科學、文學和藝術等領域都有點成就和名聲，也沒有聽到特別患上怪病的消息，倒也把這件事遺忘了。如果沒有受到ＤＤＴ的傷害，我的同學們會不會更有成就，身體也更加健康，這恐怕只有上帝才知道的了，生物統計就是那麼難於顯示出正確答案，也難怪醫生的規勸是時間的函數隨著時間改變，我們聽不聽醫生的話，有時看不出有什麼兩樣。

第七章 美國賓州州立大學留學有成

師大畢業本該被派到中學當物理或理化老師，我絕大部分同學就是如此。那時聯軍打贏第二次世界大戰不久，又是西方與蘇聯冷戰的尖峰期，聯軍之所以能戰勝，科技超人一等是主要原因，美國政府也就對科學研究特別重視，科學家要求什麼就有什麼，幾乎有用不盡的研究經費。每所大學都積極擴充物理系所陣容，外國學生很容易申請到獎學金，台大物理系的學生一出校門，清一色都申請到美國第一流大學留學，國內機構想聘請物理系畢業生比尋找熊掌與鳳卵還難。

就在那時台大醫院放射線科成立同位素治療部門，同位素劑量需由有物理專業的人來量測，既然找不到一般大學的畢業生，而師大的畢業生仍須服完義務教育才准出國，放射線科姜主任特別拉關係到師大找人。師大學生之所以上師大真正志願從事中等教育想當一生中學老師的人有，但不是百分之百如此，一大部份是家境不富裕被公費所吸引。本來醫學院就是大家搶著要的學門，現在有機會不用教書到台大醫院當個物理技師，雖然不是醫生，同學們還是搶著要，我和一位吳同學很「幸運」被選上了。

留學生活

從畢業開始，我一共在台大醫院放射線科工作了三年，其間有一年多還去當兵，之後才申請到美國留學。在社會普遍貧窮的年代，一個沒有家庭資助必須靠自己力量的人想留學談何容易，首先我們的薪水每個月不過是十二、三塊美金（比在電信局服務時還低），一張單程機票要六百多元美金，就是薪水全部不用，連飯都不吃，也得節省三、四年才足夠買一張機票，其他費用更不必說。在台大醫院放射線科工作期間除了把該做的工作做好外，心中想的不外乎是如何把英文學好，準備留學考試，我學英語的方法是天天聽美軍電台的廣播，的確這方法幫助了我聽英語的能力，才能考上傅爾布萊特（Fulbright）留美旅費獎助金，有了獎助金終於完成了我留美的夢想。

台大物理系的畢業生在美國名大學到處是師兄，他們對美國大學的情況瞭如指掌，每個人都知道如何申請到第一流的學校，我們師大畢業生可不同，留學的師兄本來就少得可憐，大多數人也只在美國二流大學攻讀，打聽消息不易，況且申請書中師大的名稱是師範大學（normal university），在台灣我們的訓練和台大沒太大區別，但在美國師範大學是專門用來訓練中學師資的專科大學，課程和程度與一般大學完全不同，我們要申請好學校乃逃不出美國學校對台灣的大學缺乏瞭解的困境，享受了四年的公費，這就是師大學生必須付出的代價吧。我當時自己胡亂猜測台灣最好的大學都是國立大學，再來才是省立大學，既然美國沒有國立大學，州立大學應該是他們最好的大學，因而選了五、六所大州的州立大學申請，很幸運的獲得四所大學物理系的獎學金，其中之一便是被我圈上的賓州州立大學。賓州是美國創國的十三州中最大的一州，我的推理邏輯非常合理，但卻僅是根據台灣特有情況來推論，並不符合美國的國情而已。

領取傅爾布萊特旅費獎助金的另一好處是到美國大學上學前，必須先到夏威夷大學受訓一個月。一起受訓的有來自東南亞和台灣的留學生數十人，其中台灣學生多半學科學，東南亞的學生則主要學文史和社會科學。訓練課程包括英語、美國人生活習俗和禮節等等，在一個月當中還安排到夏威夷外島的美國家庭作客三個晚上。看慣了貧窮台灣鄉下儉樸的房子，幽美的美國居住環境看來處處像公園，有個退休飛行員把房子蓋在山坡上，往下望是深邃的山谷和清澈的溪流，長滿綠油油熱帶植物的山坡，到處是彩色濃豔的原始林木和花草，那才是名副其實的人間天堂，一群窮國家來的學生看了都無法不對留學的美國寄予厚望。

如果那時不是心中對未來留學生活感到徬徨，傅爾布萊特的訓練課程該算是極為愉快的休假，但身上只帶著幾十塊美金，對從未到過外國的年輕人來說是何等的焦慮不安，甚至於有點恐懼，加以食物不習慣，也第一次遠離了正在熱戀中的女朋友，思念之情更加使得這次夏威夷之旅毫無樂趣可言。一個月下來，本來就瘦得像一隻猴子的我，體重只剩下四十二公斤，那是我成年後最為消瘦的一段日子。

大學城裡的唐人城

賓州州立大學位於賓州的地理中心，是個人口不到四、五萬的大學城，人口有一半以上是學生。在往大學的汽車上遇到了一位新加坡的訪問教授，請問他如何找房子，他親切的說可先住在他宿舍一兩晚，慢慢再找房子，到達時看到他住的房子是大學街的一棟近百年的木造樓房，老舊得和台灣窮人住的樓房相差不多，樓高三層，第一層是一家小吃店，二、三層每層有四、五個房間，每間住一人，房客除了新認識的這位教授朋友外，清一色是台灣的留學生，他們大都是台灣海軍官校公費派來攻讀核子工程的軍官，所以這棟樓被稱為是大學城裡的唐人城。

一九六〇年中期，美國人權運動尚未啟動，美國北部口頭上不歧視黑人，但賓州州大校園和大學城都看不到一個黑人影子，在南部則黑人與白人小孩分校上學，公共汽車上黑人必須坐在車子後面，賓州州大和大學城在人種關係態度上，應是介於美國南部與北部之間。我找了兩三天房子，那些房東們都先是奇怪我的腔調，一聽到我是外國學生總是一樣的回答：「房子剛好被租走了」。好在唐人城的房子很老舊，美國學生沒有太大興趣，剛好空下一個房間，雖然嫌老舊，但也沒有選擇，我就此定居下來。好在房間經過一番打掃和整理也不算太壞，況且台灣來的同學們相處非常融洽，所以我沒有初到新地方的陌生感。因為每個人的上課時間不同，我們各自料理伙食，但一到週末大家輪流做東來個小聚餐，有時還會邀請其他台灣同學一起同樂，在這期間我學會燒幾樣菜，可惜結婚後很少下廚，現在除了蝦仁炒飯外什麼也做不來，我在唐人城住了一年多，未婚妻從台灣來相聚後才搬家。

賓州州大物理系那年一共收了三個台灣學生，一個來自台大，連我兩個來自師大，我很幸運認識了那另外兩個女同學，她們長得苗條可愛，我們一起上課，上完課一起回宿舍，有時還一起討論習題，別人看來我們的確是三個形影不離的東方學生，羨煞了不少同系同學，尤其是來自台灣的男同學。一兩年後她們找到男朋友相繼結了婚，我猜她們倆必然是系裡首次招收的東方女生，她們的溫柔文雅，加以人以稀為貴，系上老教授特別疼愛他們，一到週末或節日常會邀請她們去家裡吃飯，但我這個經常和她們在一起的男生，看來一樣的溫順敦厚就是沒人邀請，要等到第二年他們知道我表現得不錯時，才偶而有人邀請我。能天天和這兩位女同學一起上課使我忘了到一個新地方時的生疏感和功課的壓力，也減輕了思念未婚妻之苦，第一學期體重就增加了不少，看來也健康多了。

第一年的留學生涯過得很愉快，一年多後未婚妻一來我也結了婚，兩位女同學未離開大學時我們還經常見面，妻子也和她們成為好朋友，我們的認識是偶然的，思念卻是久遠的，到現在我還惦念她們，也感謝在我來到一個陌生環境時，她們的友誼給了我家鄉似的溫暖。

跟隨米勒教授

研究所讀了一年，同學們開始忙著找論文指導教授。系裡當時最有名的一位教授是德裔的米勒（Müller）教授，很多人預料他遲早會拿到諾貝爾獎，但他也以過分嚴厲和脾氣大出名。據說他受聘到大學不久後，有一天走進電梯，電梯中有個老美學生，這學生並不認識他，所以沒向他問好，米勒教授仍然帶著德國老教授的傲氣，責問學生知不知道他是誰，為什麼對教授那麼沒禮貌，連打個招呼都沒有，美國學生平時對熟悉的人非常客氣，但是不會理這套權威氣派，這位學生答不認識他就不再理他，他氣得到處向同系教授抱怨為什麼美國學生那麼沒禮貌，從這個故事的流傳，就看得出一般學生對米勒教授的印象了。後來又得知有不少學生跟他做研究，兩三年後就離開了實驗室，所以學生要相當有勇氣才敢慕名找他當論文指導教授。我在系裡既然有兩個台灣來的女同學，平時也就很少和美國同學打交道，其實我從來就是我行我素不主動交友，不太在乎其他同學的意見。

有一天，我自己呆頭呆腦的跑到米勒教授辦公室，問他願意不願意收我這個學生，他的學生是不多，但他並沒有馬上答應，只說他將到系辦公室查一下我的成績後再決定。料想他收我的機會並不大，我同時也徵詢了教我們電磁學的年輕教授，他當然很高興的馬上要收我這個在課堂上與他常常有「異見」但成績優秀的學生，不過他也問我有沒有找過別人，我老實告訴他曾經找過米勒教授，只是他還沒有答應收留我，這位年輕教授聽了有點猶豫，只說暑假就暫先到他實驗室做實驗。不料，幾天後我接到米勒教授的通知，他已決定收留我，年輕教授一聽，二話不說就要我馬上去跟隨他，我的論文指導教授就這樣決定下來。

當時美國政府正在提倡「大哥運動」，亦即Big Brother的運動，構想是如果小男孩由大男孩來提攜，不只小男孩不會誤入歧途，大男孩也將學會負責而能避免誤入歧途，一舉兩得。幾天後的一個星期五傍晚，我拿了一堆髒衣服到DIY洗衣機店洗衣服，碰到了一位高我兩班的老美同學，我們在等衣服時坐在路旁閒聊起來，他像個Big Brother問我有沒有開始找論文指導教授，我很高興的告訴他，我已經找到米勒教授，夏天的獎學金也有著落了。他一聽完不得了了，告訴我教授是如何的兇，勸我米未煮熟時趕快換個教授，他並責備我怎不先打聽打聽，傻傻就自己決定跟隨米勒教授。我只能告訴他，我和教授交談時並未覺得他兇，我這個在台灣曾無辜的被那些專門欺負弱小的體育老師和童子軍教練打嘴巴重重的摔倒地上，當兵時也經常被士官長凌虐的學生，德國教授的兇能算什麼，哈哈！想想也就坦然等待著厄運的來臨。

米勒教授的確不是好惹的，到了他實驗室，很快看到學生做事不合他的意思馬上會遭到大罵的景象，一般學生不敢還嘴，只有個猶太學生偶而會頂嘴，但並沒有看到他遭到老師的報復，所以他的確是對學生不客氣，但也不是無理謾罵，更不是那種專挑弱小來欺負的東方文化性格，讓我看了反而心平氣和多了。

民國四十年代的師大物理實驗室沒有多少儀器，有得都是日治時代留下來的一些破舊落伍的儀器而已，我實驗物理的訓練遠不如老美同學，但到了米勒教授實驗室，我很快學會了一般儀器的使用和操作。我讀高工時在機工室學會製造簡單設備的能力，這時幫了大忙，凡是新購的實驗設備，沒有人願意嘗試的，我總會自願充當白老鼠先試用它，所以很快得到米勒教授的信任，在他的實驗室我可能是唯一沒有被責罵過的學生，不僅如此還時常得到他的鼓勵。

如果早先我聽信了那位big brother的話，縮頭縮尾的換指導教授，後來會變成怎樣沒有人知道，big brother 這種構想雖然好，但選對brother恐怕不比自己闖出一片天來得容易。七十年代美國年輕人吸毒的文化不都是大哥提攜出來的，一個運動的推動對社會的遠程影響很難預料，以偏概全不一定正確，但人生還是聽些經驗更豐富的老一代的意見，或用自己的直覺來判斷還比較可靠些，如果成功了更值得高興，失敗了也不至於怪罪別人。

虛驚一場的夜晚

一九六〇年代初期，表面物理高真空儀器仍然採用玻璃系統，亦即由玻璃瓶和玻璃管組成，系統的主要部分「玻璃瓶」都請吹玻璃技工製造，小零件的製造和系統的連結則由學生或教授自己來。我一進米勒實驗室，首先必須學的是如何吹玻璃，米勒教授把吹玻璃當作一種足以自豪的嗜好，只要不太忙，有玻璃吹他絕對不會缺席，必定會趕來湊熱鬧親自示範一番，他不在時我才向實驗室師兄討教。

剛到實驗室不久，有天他剛好把我的玻璃系統連結完成，晚上我到實驗室準備次日的實驗，首先需要把系統套上烤箱做隔夜烘烤，以提高系統真空度，烤箱是為老美設計的，對我來說實在太笨重，一個人搬動十分吃力，但晚上沒人幫忙只好自己來，不幸的是一不小心碰壞玻璃系統，把連接管打斷了一大節。糟了，我嚇了一跳，那之前我只看過教授示範一兩次，自己也只嘗試過一兩次接連簡單的小玻璃管而已，還沒真正動手修理過系統。那晚實驗室空無一人，我沒人可以求救，不知如何是好，在明早以前如果不把系統修理好，明天一定逃不了被挨罵的厄運。老大哥不早就警告過我他很凶，不修理好系統一定是死路一條，所以若修不來也不會更糟了，就索性自己試試吧。決心一下反而不再害怕猶豫，捲起袖管揮動火炬自己修理起來，一試再試，終於把系統再度接連好，但是玻璃管子吹得東凸、西凹，看來無疑是個外行人的「傑作」。雖然我修理的系統難看得見不得人，但檢測了幾次真空都沒有發現漏氣，這才再度小心翼翼的奮力蓋上烤箱烘烤系統。當然我細心估計烘烤溫度不會升過攝氏四百七十度後才敢回宿舍休息，高硬度玻璃的熔點在攝氏五百度左右，烘烤溫度高過四百八十度便會開始軟化，系統在空氣壓力下很容易變形。

第二天去取下烤箱發現真空效果已經不錯，自己正準備做實驗時，沒料到老師帶著一位訪客過來參觀，他一面向客人介紹這個實驗的目的和我這個剛從台灣來不久的新生，一方面卻面有難色目不轉睛的盯著我修理過的部分，在客人面前他沒說什麼，他既然認為我不可能那麼快學會自己修理系統，所以，一定簡直不敢相信他自己什麼時候把這系統吹得這麼醜陋，猜想他心中一定奇怪了好多天。真是好險！我算是逃過一劫，還好big brother的話到此仍未應驗。

同樣的我們實驗室有個德州大學畢業的老美同學，他慕名來到賓州州大跟從米勒教授攻讀博士學位。來前他已學會了一身技藝，他可不謙虛，喜歡向我們這些來自外國，身無半技的同學誇耀自己的武功，他要我們知道他可是一個像我們教授一樣的吹玻璃大師。他花了不少時間建造一套看來又複雜又漂亮的玻璃系統，建好烘烤時大概沒有預估好烤爐熱度會升達的最高溫度，第二天取出烘箱時，發覺那系統早就像達利畫的熔化了的時鐘，喪氣的垂下了頭。沒關係，反正他武功高強，一點兒小挫折算什麼，他馬上又揮動起火炬，修理起玻璃系統來。修理了兩天再度蓋上烤箱做隔夜的烘烤，但明天一早又糟糕了，時鐘又熔化了。也不知反覆了多少次，他總是犯類似的小錯誤，一直沒辦法從頭到尾完成一個好實驗，到後來只拿了個碩士學位，就放棄博士學位走路了。

我無法瞭解的是到底什麼心理因素促使他一再地犯小錯誤，這必然值得心理學家來加以分析。心理學家對我們說，一個人由於過去成功反而受到懲罰的不良經驗，會下意識的懼怕成功，他或許就是這種心理病的犧牲者。實驗科學家不一定個個是天才，得像神童莫札特或李遠哲那樣萬能，他不必是身懷絕技的大天才，他除了必須動點腦筋有點新穎的構想外，最重要的是要會動用他的五官，隨時細心注意周遭儀器的狀況，會隨時想到下一步如何走，而且會時時刻刻預防意外的發生，這樣該足夠了吧！

碩士學位

到達賓州州立大學第一年，領的是教學助教獎學金，助教工作不算重，不過習慣於對台灣公教人員工作輕鬆的情形，我也像一般年輕人心裡怨聲載道，偶而也提起勇氣向管理的老師抱怨工作負擔太重，沒有時間唸書。其實一個星期用不到二十個小時就足夠應付所交代的任務，這包括帶領普通物理實驗、改考卷和打分數等。

在功課方面，除在第一學期的英語聽力上有點困難外，一切順利，至第二年暑假開始到米勒實驗室工作才算是正式進入研究生生涯。米勒教授交付我的研究題目是量測場離子的能量分佈，他告訴我本來做這個實驗的老美學生不想讀研究所，剛離校不久，所以要由我來接，後來有人偷偷告訴我，那個學生工作了兩年多，得不到任何結果才決定放棄，離開賓州州大出去工作了。接收了這個實驗，我們首先仔細考量實驗系統零件組裝的幾何形狀和所會產生電場的對稱性，重新設計系統，不到半年就把新系統建造起來，開始收取數據。在這期間教授偶而會跑來看看，指點和討論實驗，一有玻璃吹他絕對會插一手，但他也發覺我的實驗技巧和吹玻璃技術進步不小，比起資深學生絲毫不差，其實已經能應付自如不再需要他插手。

有天下午五點多，我正忙著收取數據時，他回家路過我實驗室進來探個頭，看到那些新數據馬上興奮不已，原來幾年來做不出來的實驗，終於在幾個月內被這個毫無經驗的台灣學生新手做出來，他很高興的站在一旁看我繼續收取數據，一直看到七點多才回家。我還記得那段時間整棟大樓靜悄悄的，學生和教授們都已經回家吃晚飯了，整層樓只聽到我們興奮的討論聲。之後不到一個月，基本上我們已經有足夠的數據可以寫一篇論文，所以接下來的時間我就都花在數據的分析和理論的解釋上。

那年初夏在劍橋大學有一場研討會，當然輪不到我這個第一年的研究生出國參加，不過米勒教授發表論文回來後特別來告訴我，說我們的論文得到不少讚賞，他興奮的鼓勵我說很多諾貝爾獎得主就是因為別人做不出來的實驗，他做得出來才得獎。

還沒有碩士學位的我，當時第一個女兒剛出生不久，我每個月還得把近三分之一的獎學金寄回台灣的家，經濟壓力實令我喘不過氣來，一心一意只想如何趕快拿到學位而已。他同意我馬上寫一篇論文發表，一被接受便可開始寫碩士論文，我寫的那篇論文的英文差透，他花了九牛二虎之力才把它修改好送出去，幸運的很快發表在ＪＣＰ上，成為我們行業當時最受矚目和引用的論文之一。一九六四年秋天，我也順利完成了碩士學位，在米勒實驗室不到一年半就能拿到碩士學位的，據說是空前，所以，Big Brother大哥，你的話又錯了。

博士學位

拿到碩士學位後，米勒教授很快給我一個博士論文題目，我又開始設計和建造一部新儀器以測量場離子發射的Ｉ／Ｖ曲線。在此不久前，劍橋大學一位年輕博士剛完成一個類似實驗，他的方法是直接量測電流和電壓的關係，米勒教授和不少資深同行都認為他所量到的電流其實包括二次發射電流，不是真正的Ｉ／Ｖ曲線，也就是說他們的結果可能是錯誤的，我們認為螢光幕的亮度不受二次電流的影響，可以正確反映出一次電流強度。

這個實驗比起我的碩士論文實驗簡單得多，基本上我是建造小型、浸在液態氮中的場離子顯微鏡（Filed Ion Microscope，簡稱ＦＩＭ），再以光度計量測螢光幕的亮度和電壓的關係。基本上建造儀器和收取數據在半年內就已經完成，我發覺雖然他們所量到的電流並不是真正的一次電流，但二次電流的大小和一次電流成正比，也就是說我們和他們的結果相似結論相同。完了，既然我們沒有發現新現象或新解釋，即使我們結果更加正確，也不足以當博士論文，我的努力可以說白費了。

研究工作就是這樣，成果是無法預料的，那近一年時間，我唯一的收穫是把實驗結果寫成一篇論文發表，不久前剛完成深受同行欣賞的碩士論文後，這個經驗是非常令我失望，而且所發表的論文也沒有衝擊力，亦即對往後研究進展缺乏影響力。

那篇論文不足以當博士論文後，教授問我下一步想做什麼，我的經驗到底非常有限，和他討論了半天，就是想不出一個題目他認為是值得嘗試的。科學研究最難的是找到好題目，所謂好的題目，簡單的說就是獲得的結果簡潔而明瞭，並且會產生重大的衝擊力或會有新發現。台灣的科學家雖然談不上有世界頂尖的儀器，但第一流是無庸置疑的，我們科學家最需要訓練的是選擇研究題目的能力。一般學生經驗不足中外皆是，選題的任務多半由經驗豐富的教授指導，教授的好壞決定於他有沒有能力選擇好研究題目。

在討論不出好題目之下，他終於問我要不要研究在場離子顯微鏡中，合金裡不同元素的原子能不能從顯微鏡影像直接加以區分和鑑定。這個題目乍聽起來非常簡單其實很難，當時有不少同行科學家，包括米勒教授本人都正在或曾經做過這個題目，但一直沒有人能解決它，因此只要能解決它，博士學位一定是逃不掉的，我欣然同意。在ＦＩＭ裡，金屬雜質有時顯得有點亮有時有點暗，看來好像是原子空位，沒有人能夠證明雜質是否被「場」蒸發掉。能夠區分少數雜質並不代表我們已經有能力從影像區分出不同元素，他認為更好的研究方法是利用原子排列很有規則的有序合金如PtCo，來鑑定不同元素所產生影像的不同。

有些美國教授和台灣教授全然不同，在台灣只要當上助教授便很少自己動手做實驗，而把時間全部花在指導學生上。米勒教授早就是正教授，但他仍然把關鍵性的題目留給自己解決。那時他已經花了兩三年時間，想解決在有序PtCo合金中，Pt和Co原子如何可從影像特性來區分。為此他要暑假短期學生用幾千顆藍色和黃色的小塑膠球，製造半球狀樣品的晶體模型，用來和ＦＩＭ影像比較，但兩三年下來他始終找不到頭緒。後來我才發覺，原因在於他把晶體方向鑑定錯誤所致，而鑑定錯誤則來自於Pt和Co原子有驚奇意料不到的成像特性。

攻讀博士學位者必須具有獨自研究能力，所以除了選定研究題目外，除非我請教教授，要不他只會問我研究進展，而不會跟我討論研究細節。我採取了幾個步驟，第一、我必須取得有序係數非常高的樣品影像，第二、有了影像我才能以角度關係鑑定正確的晶體方向，第三、一旦晶體方向鑑定出來，我便可以比較模型和影像裡某些特定表面中原子排列的不同。步驟一定下來，我開始努力照到接近百分之百有序PtCo合金的ＦＩＭ影像，之後，我很快的從影像對稱和角度關係鑑定出樣品不同方向的晶體面，然後比較模型和影像的原子排列異同，在最後步驟，本來的原子模型發揮了效用。我驚奇的發現，原來在ＦＩＭ影像中我們只看到一種原子，我假設看到就是Pt原子，而完全看不見Co原子。這是一般人無法預料到的發現，也難怪米勒教授和不少科學家一直無法正確的解釋ＦＩＭ影像了。

一九六五年秋天，米勒教授一要我做這個題目，我先花了三個月時間照到好影像，一有好影像，很快的正確鑑定出晶體的方向，有沒有看到Co原子只是一念之差而已，用不了多少時間，可以說不到四、五個月我就把這個很多科學家兩三年來解決不了的難題解決了。我鑑定出來時，教授正在佛州開會順便度假，他在佛州海灘擁有一棟小別墅，每年會到那裡度寒假，寒假過後他回到實驗室，我向他報告我得到的結論時，他興奮得不可言喻，然後生氣的說為什麼沒有打電話告訴他這個發現，以便在佛州的冬天小研討會中發表，我只能說這麼簡單就解決了，要再確認一下，且在和他討論前我也不想讓其他人知道。其實那時我的第二個女兒已經出生，我的經濟壓力實在太大，管不了有什麼新發現，最重要的是問他，我能否開始寫博士論文，但這時間不是太短了嗎？尤其他早已把我的獎學金升為四分之三獎學金（Three Quater Time Assistantship）了，當時整個系好像只有我一個人拿到這種獎學金，但我還不敢問他，繼續嘗試照到更好的FIM影像片，也作更仔細的分析。

其實我心裡有數，用百分之五十的Co和百分之五十的Pt的合金，嚴格的說無法斷定所看見的原子是Pt而不是Co，我告訴他那只是我的假設而已，我認為還必須用成分不對稱的百分之二十五的Co和百分之七十五的Pt來確認我的假設的正確性。不幸的是，從英國訂購此稀奇的合金需要半年以上，我哪裡願意等這麼久，於是，我想到的辦法是把PtCo線放在真空中加高溫到攝氏一千度左右，希望Co原子會逐漸蒸發掉，問題是我怎能確定說我所得到的合金的成分是我要的，為此我開始自己找化學分析的新方法，利用不同的酸鹼來溶解樣品，再量測溶液顏色的濃淡來鑑定合金成分。本來我們實驗室就不是化學實驗室，沒有化學分析設備，我用自己構想的方法和非常原始的設備，勉強能夠分析到正負百分之三左右的正確度。

經過約三個月的努力，我終於得到漂亮的Co和Pt一比三的合金的FIM影像片，沒錯，看不見的原子的確是我原來假設的Co原子。一九六六年夏天，米勒教授要我在康乃爾大學的研討會上發表論文，論文發表後那些大教授們相繼自動來向我道賀。回到實驗室，米勒教授同意我開始寫博士論文，那年冬天我終於拿到博士，我們把這些結果寫成三篇論文發表，很快的就成為那幾年我們行業裡最常被引用的論文，三年後我升為助教授時，西北大學的一位教授還派一個研究生到我們實驗室跟我作博士論文的研究。

在這裡值得一提的是，我畢業典禮當天晚上的慶宴上，米勒教授特別送我一本書，裡面一篇論文正是他自己所發表，文中有他把PtCo影像的晶體方向鑑定錯誤的那篇，也因為如此他始終無法區分Co和Pt原子的影像，而我花不到幾個月的時間就完成了他交給我的任務。研究工作有時只仰賴一點點關鍵性的突破而已，當然他要學生辛苦建造的原子模型幫了我不少忙，我們對ＦＩＭ中不同合金原子，可以從影像的對比來加以區分的概念和實驗結果，在ＦＩＭ發展史上是一個小里程碑。

二十幾年後，我們所用的分析方法被直接採用來分析掃瞄穿隧顯微鏡（Scanning Tunneling Microscope，簡稱ＳＴＭ）合金影像，維也納理工學院科學家Verga等人發現，在ＳＴＭ裡有序合金中的不同元素也如同ＦＩＭ，會呈現出不同影像亮度，因而不同原子的空間分佈可以直接加以觀察。因這項發現，那些科學家在世界不少研討會上一而再、再而三的邀請我們演講，可以說享受到不少榮耀，但他們對我們的先驅研究工作故意不提，所以我們的成果早被遺忘得一乾二淨。

科學日新月異進步很快，其實在我還沒有時間享受夠讚賞時，米勒教授又發明了原子探針，利用這儀器他能從ＦＩＭ影像選擇某特定原子，然後用飛行時間質譜儀方法來鑑定它的元素屬性，也就是說這種儀器具有單原子靈敏度的化學分析能力，它的發展過程我會另找篇幅來描述，我後來還利用這種儀器實驗證明我博士論文結果是正確的。

第八章 在美教學和科學研究的甘苦

我拿到博士學位後，不少第一流大學的同行教授主動邀請我去當他們的「博士後」研究，米勒教授也要我留下來。美國人一般認為拿到學位後應該到外面學學新東西，增廣見識，對將來研究的進展和職位的升遷都有助益，留在本來實驗室工作對自己的前程非常不利。教授為了吸引我留下來特別提到他剛應一書局邀請，即將寫一本有關場離子顯微鏡影像的專書，如果我留下來可以和他一起寫，對於剛完成博士學位的年輕人來說，和該領域的創始人寫一本專著的吸引力實在太大，所以我決定留下來。

研究生涯與專書的撰寫

一九六七年秋天，我和米勒教授開始動筆寫書，他本來已經訂定好書本大綱也開始寫了十幾頁，但我覺得很不滿意，就到圖書館參考一些科學專著後，建議重新加以修改，他無異議的接受了我的意見。之後在研究工作之餘，我每天花點時間寫書，寫完一、二十頁就交給教授過目，剛開始三、四個星期他對我的草稿意見很多，我一改再改，但進入情況後，他主要的工作僅是修改我的英文而已，我把有關領域進展史和技術發展經過這兩章節留給他來寫，其餘則全由我起草後他稍做修改，書一共三百多頁，其中幾十幅圖畫都是我親自繪製，花了一年左右才寫完送交出版商，印刷和校對也花了一年，終於在一九六九年夏天出版。

此書一出版便成為我們行業入門的必修書，也是專家們人手一冊的參考書，有不少人稱讚它為我們行業的「聖經」。很多同行科學家聽說我雖然是第二作者，但其實書的大部分都是我寫的，更對我稱讚有加，但是我自己很清楚這本書不是因為寫得特別的好，而是因為掛有米勒教授的大名才會受到如此的尊重。到底他是該領域的創始人，我不過是一個初出茅廬，幸運被他選上的年輕共同作者而已，所以即使整本書都由我執筆，我也不會不自量力把該書的主要權益歸屬於我。這本書後來被譯成俄文，但很可惜的，因這類專書被判斷銷路有限，出版商沒有徵詢我們的意見，就按照一般的估計只印三千本，不到三、四年就銷售一空，後來也沒有再印刷，很快成為絕版，而自己僅存的兩本也被我用得破破爛爛。一九九〇年米勒教授去世十幾年後，我才應劍橋大學出版社之邀請又寫了一本專書，雖然不再有人稱它為「聖經」，但同行還是經常引用，也仍是我們行業裡最常用的一本參考書，遠比由牛津大學材料系主任和東京大學名教授所著的兩本專書受到肯定和歡迎。

一九六〇年代末期，美國年輕人對韓戰和越戰萌生很大反感，同時也逐漸從過分開發對環境和生態所造成的破壞中覺醒，因而對科學和科技產生強烈的排斥，加以一九六〇年代初期過分擴充科學系所和增加教授人數，所以此時科學研究經費的競爭逐漸白熱化，研究經費的申請開始變得困難重重，多半系所開始緊縮人員，美國科學界士氣陷入前所未有的低迷狀態。到了一九七〇年中期，在越戰節節失利下，美國人把越戰的起因全部歸罪於科技，反戰團體認為越戰是國內國防工業利益團體為了本身利益所促成的戰爭，反戰變成反科學和反科技運動。一九五〇和六〇年代科學研究的蓬勃士氣，在十多年內跌落谷底，研究經費拮据造成人員裁減，數年之內賓州州立大學物理系教授人數從四十五人減少至三十人，年輕畢業生也開始找不到工作。那段日子就算不是物理行業的恐慌時期，也絕對是不景氣時期，物理博士畢業生的失業率領先所有行業，大家把物理科學視若敝屣，而碰巧這時期正是我職業上需要成長的時段。

一九六九年寫完書，我開始找工作準備離開米勒實驗室，米勒教授認為我的離開將是物理系的一大損失，所以大力向系主任推薦把我升為助教授。系主任出生賓州，他一生久居賓州從未出過國，除了昂貴而笨重的凱迪拉克外，從未開過其他任何品牌的車輛，是位非常保守的鄉下老先生。他開始時極力反對我的升等，理由是他深信東方人在智力上沒法和西方人相比，也因此第二次世界大戰日本才會大敗給西方。米勒教授是德裔，德國敗給聯軍當然不是因為智力差，他不理那套幼稚的推理邏輯，系主任在系裡最有影響力教授的堅持下，終於勉強接受在嚴重的緊縮時期聘請我為助教授，我從此開始了艱苦的研究和教學生涯。

痛苦的教學語言問題

現在的美國有很多外僑，大家早已經習慣於聽外國口音，也不會抱怨不易聽懂。六〇年代情況不同，賓州乃是美國比較保守的一州，州立大學又位在最為保守的鄉下，大學部學生平時很少接觸到外國學生或教授，更少聽到外國腔調濃厚的英語。因此，我前幾年的教學非常辛苦，有的學生本來就不願意看到外國裔的教授，我的英語又真的有台語腔調，所以有些學生就以此藉口跑到系主任那裡抱怨。

此時為越戰終期民眾反戰情緒達到頂峰時，更是學生首次可以評審老師的教學表現，沒想到高中和大學時最喜歡找老師麻煩的我，現在反成為學生刁難的目標，有人必然會說我是得到了應有的報應。不同的是我以前抱怨的是老師什麼都不懂，現在我被學生指責的是他們什麼都聽不懂，雖然兩者根源很不一樣，學生學不到東西倒是一樣的。好在有少數學生認為我的課程內容豐富，解說時條理清晰。他們非常欣賞我這老師的學問，因而我只被系主任「留系察看」而已。為此我和另一位被「留系察看」的日裔同事，不得不跑到英文系上英語課，兩三年後我們的腔調才慢慢被學生接受，教學評分也才慢慢升高。

談到賓州州大保守的物理系和系主任，我還有些趣事值得一談。某個入冬剛下過細雨的清晨，天佑在我家度過年假後要趕回耶魯大學上課。車子開到山區下坡的一個路段，應是沒人料到路面會結了一層薄冰，有不少車子和卡車在那失控打滑而撞成一堆，天佑看到那堆車子，急忙踩煞車，車子也在冰上失控而打轉。那時一輛大而黑的Cadillac轎車也趕來湊熱鬧，駕駛人還信心滿滿，既不減速也不煞車，只稍微轉個彎，意圖避開這些車子。沒想到天佑失控的車子正好滑到面前，擋住那黑轎車的去路。說時遲那時快，黑轎車撞上天佑車子一旁。兩輛車轉瞬之間全毀，不幸中之大幸是兩個駕駛沒有傷痕的爬出車外。憤怒的系主任指著天佑，大罵他擋住了他的去路，天佑爭辯說路上結冰，車子失控不是他的錯，來車看到亂成一團的車堆應該減速才對，撞車人不該指責被撞到的人。警察查問結果知道這位不講理的人是賓州州大堂堂系主任教授，他離開後，警察和那些等待處理車禍的一群卡車司機都支援天佑，說他們最討厭自以為是的大教授，並且自願出庭為他作證。

系主任當時必然感到相當迷惑，他怎麼會和系內剛升等不久的小教授撞車，而這個小教授竟然敢和他爭辯。回到系裡他首先到米勒實驗室向他理論和抱怨，米勒教授說我正在實驗室工作，不可能是和他撞車的人。他問清楚後才發現就是這麼湊巧，與他撞車的人是我的攣生兄弟。我根據天佑的描繪和米勒教授據理力爭，經過他的轉述，兩三個小時後系主任的怒氣已消，想想路上結冰車子打滑相撞，是不能歸罪任何人。警察也做如此判斷，各人車子由各人的保險公司負責理賠。據說系主任對自己的開車技術一直信心滿滿，因此他從來不買保險。不久之後，我們就看到他開著一輛全新的林肯黑色大轎車。

系主任雖然保守，卻有一般美國人想要公正的心，我的留任本非他意願，但他對我既沒有特別好感亦無惡感，他對我的判斷還是儘量客觀。我日後升遷並不因他個人的喜好厭惡和上述車禍意外有所影響。其實他對東方人的偏見也因日本車子大量傾銷美國後逐漸改變，他抵擋不住日本生產小型卡車的方便設計，有天竟然買了一輛。之後沒想到開了近十年都沒有大紕漏，而他那貴重的林肯轎車卻一天到晚故障，經常需要修理。有一天他終於向米勒教授承認，當時的日本車子品質實在比美國車子好太多。這應是戰後多年來美國車子獨霸全球，沒有國外競爭，鬆懈了努力的結果。此後他不再小看東方人，不過他始終和很多懷有自卑心的東方人一樣，覺得東方人小聰明有餘，大創意不足。話雖如此，我很幸運的在他任內提前兩年取得永久教職。

當美國大學教授最重要的職務是做好研究，惟研究的好壞往往不是取決於論文的品質和數目，而是根據他能申請到多少研究經費。經費充裕的教授扶搖直上，研究費少的教授常常得不到賞識，永遠停留在助教授階段。身為亞裔的我在全國經濟不景氣的情況下，經常在國際研討會上被美國或甚至於歐洲競爭者歧視，有時他們還會做出人身攻擊，說我不是美國科學家而是中國或台灣的科學家，申請經費時更會遇到意想不到的批評，我在加倍努力申請下才足夠維持一個小研究群。系上在兩年後就提升我為副教授，在此困難時期，早我三年的日裔同事未能拿到永久職位，回到日本東京工業大學執教。爾後，我發表的論文在同行裡幾乎篇篇受到重視，再過了三年我就提早拿到永久教職，又過了一年晉升為教授。

那時期是美國物理科學行業景氣最為低迷的時期，台灣留美物理系學生在那時畢業後有不少人就回到台灣或在美國轉行，我能度過那段艱難的時期是幸遇知音，亦是天大的運氣。美國景氣隨時間輪迴震盪，一九七〇年後期，民眾開始瞭解要解決環保問題，所需知識還是得依賴科學的新發現，況且政府也發覺美國大學實驗室設備遠不如歐洲和日本大學，原來領先的科學研究開始受到日本和歐洲的挑戰，這才又回復對科研的投資，美國科研景氣也才逐漸回復。

我的實驗室在美國學生不再對科研感到興趣的情況下，幾乎全靠外國研究生來維持。到了一九八〇年代中期，科學研究經費不再缺乏，我的實驗室也開始受到同行和材料物理界的重視，但研究生清一色是台灣和大陸的留學生。如果在美國我只能教育台灣和大陸的學生，我何不乾脆回到台灣教育故鄉子弟呢，這時我開始想到回台灣服務的可能性，這種想法一直等到一九九〇年才實現。

柏林的研究訪問

一九七五年剛升為教授那年秋天，我向賓州州大申請到德國柏林那個米勒教授發明FIM的研究所佛立茲哈伯研究所，做一年的研究訪問。主人是一位好客但科學研究成績平平卻深具大日耳曼意識的教授，本來在德國每個教授就像一個小國王，總有二、三十個「終生博士後」、助理和學生的幫助和侍候，他又善於外交，所以影響力很大。

對一個實驗物理學家來說，出外訪問除非訪問的實驗室剛好有他想要的儀器和設備，否則只能用來增廣見識而已。佛立茲哈伯研究所的實驗室並沒有我想用的儀器，因此我必須從頭尋找題目，也開始建造一套新儀器。但時間有限，當我花了九牛二虎之力，把新儀器建造完畢時，訪問期間也已將屆滿，趕忙做了一個嶄新的實驗，可惜時間不足有點潦草，因而未能引起他人注意。因為一九七六年夏天的國際場發射研討會本由米勒教授接下來，但他已屆退休年齡，所以要我主辦該研討會，為了準備會議，我只好縮短三個月的柏林訪問，實驗因而匆促的提前結束，提早回到賓州州大。

那年的出國訪問對我來說，在科學研究上因時間太過短促，成果差強人意。倒是到處演講和旅行，北至丹麥、南至馬賽，不到一年訪問了約十個歐洲著名實驗室並做演講。當然也順便攜家帶眷旅遊觀光，看了不少歐洲風光，的確增廣了不少見識，料想這也算是達到了研究訪問的目的。

夢見三個小天使

如果回憶是老年人唯一的生活，打盹便是上班族週末最佳消遣，而無憂無慮天真浪漫的小天使，則是他回憶和打盹夢中最甜蜜的訪客。

有個週末下午，他左手拿著酒杯，右手拿著書，半躺在沙發上，他一邊品嚐芳醇的葡萄酒，一邊漫不經心的看著一篇散文，他覺得眼皮有點重，只看到作者似乎說……。

不知隔了多久，他的神智從清醒轉為模糊，然後又逐漸轉為清晰可見，周遭卻顯得更加寧靜。灰白的景色在不知不覺中呈現出繽紛的多彩，腦際中彷彿聽到了細微，但如鈴鐺聲悅耳的小女孩的歡叫聲。這聲音慢慢增強，三個東方臉孔的小天使，由遠而近由小變大，她們天真而活潑的正在一位德國教授家，在被翠綠的大樹環繞著的植滿花草的後院草坪上輕盈的奔跑追逐，無憂無慮的戲耍著。高大而微胖的主人和其太太，愉快的忙著在屋外安排桌椅，並出入廚房端出香噴噴的佳餚，而小天使們的媽媽也自告奮勇的幫著忙。他想，好一幅和諧而安詳的人間畫面。

這不是夢吧！他睜開眼睛卻見到有點黯淡的景色，那是燈光逐漸明亮的柏林地下鐵站，正是早上上班上課的時刻，學生與上班族忙著找月台和火車。熙熙攘攘的人群，有人正趕著上下車，有人仍在等待火車的到來，其中可看到三個小女孩在陌生環境中，不怕生疏，不知憂慮的看著急急忙忙的往來人群與進進出出的火車。她們嘻嘻哈哈的指手畫腳，用音調正確的英語指東畫西不知在談些什麼，四周圍的人無不以驚奇的眼光望著那些小天使，不只是好奇為什麼在柏林看到東方臉孔的小孩，講的卻是流利而正確的英語。其實他們也在欣賞和羨慕這些東方小女孩可愛的面貌，然而有不少人從內心深處，同時也浮現出一股莫名的不悅。他們不瞭解為什麼政府，一再地允許外國人進來搶走德國人的工作，黃色臉孔更使他們隱約的記起歷史悲痛，他看到有個中年婦女走近小女孩們，似乎在交談些什麼。然後，那中年婦女了解了，無言的自忖著，啊，原來她們是美國訪問教授的女兒，正等待車子趕到美國學校上課，柏林外國人真是何其多，好在她們說只要在柏林待一年。一輛火車進站，小女孩們跟隨群眾一起擠進車廂，車門口關了，三個討人喜歡卻不受歡迎的東方臉孔的小天使影子，也跟著火車一起消失。

好可惜，他多麼想能多看幾眼小女孩們天真無邪的樣子，也想多聽她們歡樂的交談聲。他覺得孤單而無聊，逐漸陷入昏睡，不知過了多久才又醒過來。醒時他看到柏林的室外溜冰場，場地不大，但容納正在溜冰的近二十個人卻顯得十分寬敞。那是晴朗而寒冷的冬天清晨，溜冰場內有男有女，有老有少，其中有三個活潑可愛的東方小女孩，和一個溫和清秀的中年東方婦女。女孩跟著音樂嘗試畫8字，偶而還會來幾個跳躍和旋轉，那婦女則流暢的跟著其他人往反時針方向繞著溜冰場轉。過了一回兒，突然來了一個年過花甲，瘦小乾枯的老婦人，沒想到她竟然是全場溜冰最純熟最好的人。老婦人敏捷的身手不時比手劃腳，偶而快偶而慢，偶而跳躍偶而屈膝，耍著不同的花樣，遇到有人擋住路時還會不客氣的招搖左手，大聲叫大家避開。喔，那不是一個雙旋轉Double Axle嗎？好一個手腳伶俐的女巫！不久後，他看到有個中年德國婦人溜過來靠近女孩的媽，如之前同樣的問題同樣的答案，那婦人離開時以不自然的笑臉說，你們好幸運，訪問時領取德國政府的薪水，還能享受這麼好的體育設備，這些都是德國納稅人的心血啊！孩子的媽僅僅向那婦人微笑，心裡想這些不都是我丈夫辛苦工作應得的報酬嗎？又不是白吃的午飯，但她沒說出聲來。他們自得其樂繼續溜冰，一兩個小時後小天使和她們的媽就離開了。他覺得溜冰場已經失去了活力，沒什麼值得留戀，他再也看不到歡樂，只感到眼皮的沈重。

再睜開眼時，他不知不覺已經踏進了另一個多彩的世界，那是美國他工作的大學城的一家牙醫診所，診所剛開門不久，患者寥寥無幾。不知為什麼今早那麼特別，櫃檯小姐與護士們競相朝他微笑，她們比手畫腳互通耳語，似乎在報信說這個剛進門的人，就是昨天一位年輕太太帶來的三個可愛小女孩的父親。他們都以又羨慕又欽佩的眼光望著他這個人，對他一再的稱讚那三位小天使是如何的伶俐可愛，她們在心中暗暗自語為何這個以前看來貌不驚人的男人，今天看來卻特別的俊秀，也難怪他的女兒會一個比一個可愛了。給他清潔牙齒的是一位新來的，剛畢業不久的年輕貌美身材婀娜的女醫生。她好像不在乎他兩排歪曲得厲害，醜陋異常的褐黃色牙齒，輕快的清洗著它們，還不時用乳液般溫柔的言語跟他交談。他的肩膀感到細腰與酥胸的依偎，她的體熱，隨工作時搖晃的身軀所產生的壓力韻律，像陣陣波浪透過衣服與肌膚滲透進他的體內，她的體香好像火焰正燃燒著他的靈魂。就好像空肚時，一下子喝了三大杯烈酒，他開始醉得迷迷糊糊，有如一片羽毛東飄西盪，一直飄盪到九霄雲外。正在陶醉忘形，全然感覺不到平常清潔牙齒時，所需忍受的痛楚，半個小時有如一瞬，已然過去。清潔完牙齒，她親自送客直到門口，以親切關懷的語調叮嚀他得天天甚至於每餐刷牙，還得常常來看她。他腳步輕盈的走出診所，天空是一張柔和巨大的藍色臉孔，正朝著自己微笑呢。

他整天恍恍惚惚如行走在九霄雲外上，辦公室內所發生的一切事物也都顯得特別宜人順暢，工作輕鬆而愉快。實驗室裡平常不太聽使喚，喜歡淘氣的科學儀器，今天個個成為聽話的樂器，數據像輕巧的音符源源不斷的跳出來，又自動自發的譜成一首迷人的天堂之音。想起十年前剛到此時，不少保守的本地人和現在的柏林人沒有兩樣，但隨著時間流轉，他們和外來人接觸多了，從認識到瞭解，對外來人的歧視逐漸消失，他感到一股內在的安寧。這幾年來大學城已經變了很多，什麼時候全世界才能進步到不分族群與人種，不管在什麼地方都能和諧相處，他陷入了沈思。

奇怪景色怎麼又變了，現在看到的是家中晚上柔和燈光下的起居室，他正興高采烈的向坐在沙發旁邊的太太，大談今天愉快的遭遇。她先報以蒙娜麗莎式的微笑，這微笑在一剎那間消失，之後她把座位挪開了一步，整個晚上低著頭看書，從此不再發出一聲，也不加理會。正當他自覺無趣，不知如何是好時，恰卻聽到了熟悉的一句叫聲：「你又在發什麼呆了，整個下午只會躺在沙發上打盹做白日夢，大好天氣也不出去走走，動動筋骨，呼吸呼吸新鮮空氣。」他恍然的睜開雙眼，揉揉眼睛，發現酒杯與書本早已滑落在地毯上，而老伴正以似是關愛，又有點抱怨的眼神看著自己呢。

第九章　科學研究的活躍期

一九六六年取得博士學位後，應論文指導教授米勒教授的邀請繼續留在系裡服務。他是場離子顯微鏡（Field Ion Microscope，簡稱ＦＩＭ）的發明人，ＦＩＭ是科學史上首次達到原子解析度的顯微鏡。

ＦＩＭ和ＳＴＭ的先後發明

ＦＩＭ的發明是科學史的重要里程碑，二〇〇〇年美國物理學會為慶祝成立一百週年出版的《二十世紀物理》一書也介紹到此發明，並與ＤＮＡ雙螺旋模型並排同頁。我在賓州州大多年的研究大部分與ＦＩＭ有關，是國際上活躍於此方面研究的專家之一。米勒教授在賓州州大建立了世界聞名的場發射實驗室，一九七七年他去世後實驗室就由我主持。

一九七七年至一九八二年是我職業生涯中最活躍且忙碌的時期，這著名的賓州州大米勒實驗室的運作由我負責，研究工作也有些突破，不但發現一些新物理現象，發展出新儀器，也時有新題目論文發表，研究成果累積得還算豐碩，這些成果也開始受到世界材料物理和表面科學界的注意和引用。因此相繼接到外國著名大學和科學院的邀請前往訪問和演講，這些訪問令我大開眼界，使我的研究工作更趨成熟。

正當我的研究工作開始受到注意時，在一九八二年，瑞士蘇黎世ＩＢＭ實驗室成功的發展出同樣具有原子解析度，但更有功力的掃瞄隧道顯微鏡（Scanning Tunneling Microscope，簡稱ＳＴＭ），幾年內表面物理的一些難題迎刃而解，振奮科學界。顯微鏡術首次得到諾貝爾獎委員會應得的重視，米勒教授已於一九七七年去世，成功發展出ＳＴＭ的科學家中的兩人，Binnig和Rhorer，與電子顯微鏡發明人之一的Rusker，於一九八六年同獲諾貝爾物理獎。

ＳＴＭ的確是非常有用的新顯微鏡，科學家的注意力轉向它是很自然的事，而利用發展已有三、四十年歷史的場離子顯微鏡的研究工作一下子被冷落。十幾年後科學家對ＳＴＭ的熱誠轉得更現實，再度發現不同技術各有特色，在某些專題研究上ＦＩＭ仍然有其地位，且我很多利用ＦＩＭ的研究方法，開始直接被採用於ＳＴＭ的研究上。我的研究團隊也開始從事ＳＴＭ的研究工作，以往的研究成果才又受到注意，不過我的職業生涯也已過了頂峰，離退休年齡不遠。

科學家名聲起落常會受到個人無法控制的外在因素左右，其實一個人應該虛懷若谷，不要受虛榮心的誘惑，全力追求實質的貢獻而非虛名。後浪推前浪，年輕人可學習前人但不要戀棧過去，勇敢探索新世界、開創新領域、創造新知識，對自然運行法則的瞭解才會日趨博大精深，這就是科學研究真正的目的，也是科學家所該擁抱的態度。

應邀參與歐洲研討會

一九七七年七月底，我應邀在牛津大學金屬學系主辦的「第二十四屆國際場發射研討會」做開場的主要演講。參與該研討會的來自世界各地的場發射專家學者和研究生共有兩百多人，比往年在美國召開的場發射研討會人數多出兩倍左右。大家擠在有兩三百年歷史，古色古香的講堂內聆聽我這位看來年輕，在台灣出生的科學家，討論他兩三年來利用場離子顯微鏡在原子動態學上的研究和新發現，和利用原子探針逐層分析合金表面原子層的成分，同時探討成分與表面層深度的關係，這些研究不只需要高度的實驗技巧，也都具有新穎的構思。演講後討論熱烈，我的名字開始與導師的名字並提，受到從未經驗過的尊重，但也感到肩上重壓著的一塊無形的石頭。

這是我晉升正教授的第二年，而我論文指導教授和職業良師，一年前退休的米勒教授不幸在兩個多月前因腦溢血去世。這些年來，我在單原子的表面隨機擴散與相互作用、單原子受到電場作用時所引發的單方向運動，和場離子發射現象等一連串的研究工作和發現，開始受到世界同行的注目與重視。雖然不少人認為我的研究已經相當豐碩，且屢受同行讚賞，每年也發表數篇出色論文，論文被引用次數每年均超過一百次，在同行和同系教授中僅次於導師的約兩百次，但在導師的光芒下仍顯得黯淡。導師逝世後，我才光芒初露，儼然已經成為該行的明日希望，今後負有繼往開來的責任。

牛津大學研討會後，我又前往維也納參加「第七屆國際真空與表面科學會議」，由於之前在牛津大學研討會上出色的演講，該會議主持人之一的奧國籍場離子顯微學科學家，臨時決定在會議中安排由我給一場「米勒教授紀念演講」。該會議規模甚大，有一、二十場研討會同時進行，因紀念演講不在預先安排節目中，未來得及刊登在節目目錄中，很多人不知有此特別演講，所以聽眾不算多，但演講一完，一樣受到聽眾的熱烈迴響和稱讚。這次歐洲之行，成果堪稱前所未經驗到的豐富，平日的辛勞算是得到了補償。

一般人以為學者，尤其科學家，是清高、淡薄名利的異類，以為他們只要對學術有所貢獻就會沾沾自喜，不在乎功名，不在乎財富，其實不盡然。科學家平時拼命工作，也是希望在專業有重大或驚人的發現和突破，會創造出世界通用的科學新知識而青史留名。雖不同於政治人物的是，絕大多數科學家不會作假，不會用欺騙手段來爭取選票，也不太會權謀，科學家倒是更像演藝人員或藝術家，但科學家作秀的對象是同樣受過高深訓練的國際同儕，人數遠比一般演藝秀或藝術展覽的聽觀眾少很多，但是要成名，除了需有驚人的新發現或有創意的成果外，也和演藝人員一樣要懂得經營。一般科學家的秀場就是研討會，只要在研討會上受到同儕熱烈的反應和讚賞，再靠點兒運氣和經營技巧，功利也會隨著名聲而來，不善於經營的人可就要吃虧了。

如果說和其他行業的人有點不同，那就是科學家最重視是否受到尊重，較少重視財富，真正清高者有，但少之又少。這種少數人，一生為解決某些問題不屈不撓，勇往直前，成功了能否受到尊重也無法預料，但就是鞠躬盡瘁也在所不辭，這種人「大好大敗」，微軟公司的比爾蓋茲就是「大好」的代表，在他的情況，商業策略才是成功的關鍵，遠比創意來得重要。多數人屬於後者，這些「大敗」者只有少數同儕認識他們，平時還得忍受有些同儕的冷嘲熱諷，一般群眾當然不會知道他們的存在，他們大多一生潦倒，默默而終。少數幸運者一旦成名，名聲就響徹雲霄，國內外榮譽會連鎖反應似的接踵而至，但那是何其幸運的少數。

雷射原子探針的研發構想

一九七〇年後期，表面科學界一個熱門的研究課題，是要怎樣分析半導體表面層的化學成分。當時凝聚態科學界受貝爾和ＩＢＭ實驗室科學家的影響很深，這兩個實驗室的凝聚態科學研究人員數目，佔全美該領域研究人員的三分之一左右，他們比起大學教授有更豐富的資源。對私立公司而言，研究人員薪資遠比儀器昂貴，沒有節省儀器費用的必要，所以他們要什麼就有什麼，用的都是市場上找得到的最貴最先進的儀器，技術支援也遠比大學優越。大學教授精力用在研究上，用教學做領取薪資的藉口，但這藉口在爭取儀器上使不上力，只好以最低資源自己開發製造所需儀器。表面科學是前述兩個工業界實驗室的重點研究方向，在表面科學研究上，他們幾乎可以點石成金，只要他們有興趣的題目，很快就成為大家所競相追逐的目標。

這些依靠半導體起家的通訊和電腦公司，對半導體研究特別有興趣。半導體純度高時，在室溫的電導性非常的低，所以沒有實用價值，為了減低電阻或增加電導性，半導體內必須摻進少量雜質，雜質又有 p-型和 n-型之分，樣品經過熱處理後，這些雜質原子會擴散和聚集於近表面層（表面偏析現象），也因此半導體近表面層的化學成分分析是當時重要研究課題之一。

一九七六年底，我第一次成功的利用導師米勒所發明的原子探針顯微鏡，來逐層分析合金表面原子層的化學成分，如果同樣的分析方法也可應用在半導體表面分析上，那將是表面科學技術的一項重大突破。當然，我既然已經想到逐層分析固體表面的方法，並且已經成功的應用在合金表面層分析上，同樣方法不是很容易的可直接應用到半導體表面嗎？

在科學有時一個看來十分簡單的問題，卻花上科學家二、三十年的努力還無法成功，這正是個例子。大家很快發覺，在原子探針原子層是利用奈秒電壓脈衝來逐層場蒸發，再利用離子飛行時間質譜儀，一個原子一個原子來鑑定其化學元素。半導體電阻太大，奈秒電壓脈衝無法傳導到樣品針端，也就無法場蒸發樣品表面層供作分析用。另一個困難是半導體表面原子會毫無次序的場蒸發，以致於無法逐層分析，所以除了金屬材料外，原子探針可以說完全派不上用場。

一九七八年夏天場發射年會中，最受到重視的議題就是如何解決上述實驗上的困難。最簡單，但也是最笨拙的方法是把電壓脈衝從奈秒寬度提高到微秒。這正是一位美國國家標準局（ＮＢＳ，ＮＩＳＴ的前身）資深科學家（也是我導師的學生，早我六、七年畢業）的作法，這位先生的實驗證實，只要樣品摻雜夠量的雜質，電阻不太大，半導體真的可以用微秒電壓脈衝來場蒸發。問題是用寬的電壓脈衝，總共只有數微秒飛行時間的測定就變得毫無準確性可言，質譜儀解析度壞得再也無法分辨出不同元素。況且這方法只能用於不切實際、電導性超高的樣品，因此辛苦了一番，還是沒有解決半導體表面化學分析的問題，這是得不償失的方法。

就在討論如何改進時，我提出一個嶄新的構想，半導體應該可利用奈秒雷射脈衝來激發光電導，使樣品導電而且使樣品溫度受到瞬間的提升，表面層原子便可在奈秒內被場蒸發，而質譜儀也會仍有足夠的元素分辨率，問題便可解決。一般參加研討會的科學家無非是些湊熱鬧的庸俗之輩，對新提議不是抱著懷疑的態度，就是談不上自己的看法，但那位猶太資深科學家認為要把雷射光聚焦在只有幾個奈米大小的原子探針樣品上，比在海底撈針更難，堅持我的提議毫無價值。我雖然極力辯解，還是無法說服這位固執的資深科學家。聽眾在他堅持反對下，逐漸相信這個人的論點，也因此回校後向美國科學基金會（NSF）申請研究經費來發展新雷射原子探針並沒有獲得資助。

在競爭激烈的美國申請研究經費，成功與否往往取決於一兩位資深科學家的意見，尤其是較小領域的科學家，很容易被一兩個人的意見所操控，這是科學進步的一大阻礙，但在僧多粥少競爭激烈的情況下，也找不出適當解決的方法。

第一台雷射原子探針

一九七九夏天可算是我職業生涯最忙碌，也是收穫最豐富的一個夏天。年初再度嘗試申請經費來發展雷射原子探針仍然落空，眼見我的新構思即將泡湯，急著和服務於新墨西哥「山第亞國家實驗室」我的前研究生Kellogg博士聯絡，希望他安排我暑假到他們實驗室訪問，也請Kellogg找一台雷射來共同發展新雷射原子探針。Kellogg 在一九七六年從賓州州大畢業後，到山第亞表面科學實驗室工作，成績平平，上司對他還抱著觀望的態度，他自然感受到不小壓力。正不知如何是好時，獲知老師有意前來訪問並想發展新儀器當然很高興，馬上到處去尋找，借用他人暫時不用的雷射。該實驗室是美國政府為了支援發展核子彈而設的國家實驗室，資源豐富，到處是被丟棄放在牆角的雷射，所以Kellogg很快借到一台，訪問之事也就此定下來。

我本來計畫六至八月這三個月訪問山第亞實驗室，但該年我又接到蘇聯科學院的邀請訪問他們一個多月，也同時接到瑞典諾貝爾基金會主辦的「諾貝爾直接觀察分子和晶體中的原子研討會」的邀請，參加他們為期一週的會議，我只好要求把山第亞的訪問縮短為兩個月，而蘇聯訪問則縮短為十八天。

山第亞國家實驗室是美國國防機密重地，每個人都要佩帶安全卡才能自由進出實驗室。一生和國防機密研究沒有扯上任何關係的我，這次訪問時間特別匆促，來不及申請安全檢查，因此在山第亞兩個月中，我不能有一分鐘離開Kellogg的視線，就是上廁所，也必須有人在外面監視。我們很快發現他借來的早期製造出來的藍寶石雷射，脈衝能量太大也太不穩定，很容易意外的把樣品燒毀，實驗進行了兩個禮拜，還無法看出有任何成功的希望，時間過得出奇的快，眼見實驗即將失敗，我們急著決定另找雷射。幸運的，很快又借到一台最便宜也最簡單的氮氣雷射，這台雷射比較穩定，能量也比較適中，實驗沒幾天就成功了。由於我一分鐘也不能離開Kellogg，我們可以說合作無間，也因此才能在短短幾個星期內把別人認為是海底撈針的困難實驗做出來，還有充裕的時間收集到不少數據，足可寫一篇夠分量的好論文。

在那兩個月內，我們不只在實驗室成功的發展出第一台雷射原子探針，我和家人每個週末也會到附近印地安人的村莊和舊廢墟遊覽觀光。在短短的幾個週末內，我們幾乎走遍了一兩百英里內所有的主要印地安村莊和廢墟，看到不少印地安人的習俗和他們具有獨特風格的藝術品，了解了一點古時印地安人動盪不定的生活方式和殞落的歷史。一個人到了新地方，總會在有意無意間學到不少新事物，這就是文化的交流會促進文明進步的原因，也是為什麼歐亞兩洲是地球上文明發展最早的區域。歐洲人一提起成吉思汗就會想到令他們恐懼的「黃禍」，其實所謂黃禍，就像絲路，不只促進了歐亞的商業往來，對兩大洲文化交流和文明的進步所做的貢獻更是久遠而重要。歐亞因為陸地相連跨兩大洲，文化和商業交流容易，才能成為世界上最繁榮的地區，比較起來，孤立的太平洋島嶼，文明的發展就遠遠落後。

應邀參加諾貝爾研討會

諾貝爾基金會每年除了舉辦隆重的典禮頒發崇高的諾貝爾獎外，每年也資助舉辦少數科學研討會，稱之為「諾貝爾研討會」。一九七九年八月初，有一個研討會的主題為「分子和晶體內原子的直接觀察」，在瑞典斯德哥爾摩郊外一小島上IBM公司員工的訓練和度假館舉行。約一年前我就接到了主持人斯德哥爾摩大學的Kihlborg教授的邀請，在此研討會演講，在邀請信上主持人鄭重的聲明所有費用均將由諾貝爾基金會支付。那時我從未聽說過何謂諾貝爾研討會，但是掛上「諾貝爾」的名字總是給人一種崇高的感覺，當然很欣然的接受了他們的邀請。

夏初的山第亞國家實驗室訪問提早結束，我就馬上趕回賓州州大準備前往瑞典事宜，演講對我來說已經司空見慣，不需多少時間準備，但主持人有要求每人撰寫一篇論文，發表在瑞典物理學刊的諾貝爾研討會論文專集內。我只好在不到一個星期的時間內趕完一篇回顧性論文，不只如此，當時還不好意思麻煩學生，還自己親自到暗室沖洗需要的場離子顯微鏡照片。趕工完成論文已經是上機時刻，此次坐的是一生從未有機會享受的頭等艙（記得當時仍未有商務艙和頭等艙之分，即使有，也不是當時的我所能區分的），下機有專人接機，給人一種受到尊重的感覺。

依照研討會安排，先在斯德哥爾摩過一夜後再乘船到Lilingo島，到達會場才知道它是一個精選的小研討會，應邀人數總共只有二十多人，包括有化學家、材料學家、生物學家和物理學家等。他們來自世界各國，來自美國的有芝加哥大學的Crewe教授、亞里桑大州立大學的Cowley教授、研究員井島博士（Iijima）和我一共四人。來自英國的人數最多，接近十人，主要來自牛津和劍橋大學，其他還有數位來自日本和歐洲的電子顯微鏡專家。除了我一個人外，所有參與人員不是電子顯微學家就是利用電子顯微鏡的科學家。

這是我第一次全程參加以電子顯微鏡為主題的研討會，在小島上四天，專心聆聽世界上最優秀的顯微學專家討論他們尖端研究的成果，學到不少沒有參加此會恐怕一生都學不到的東西。在此會中我討論利用場離子顯微鏡和原子探針在表面物理上的研究，基本上和兩年前在牛津研討會上演講的材料大同小異，但是包括了剛在山第亞實驗室完成的嶄新未發表的雷射原子探針的發展和研究成果，大家對我的研究和演講印象深刻，也認為這些研究成果才真正符合得上此研討會的名稱。

在此研討會中有幾件事令我印象深刻，值得在此一提。一件是我被井島博士的工作所吸引，他和我算是會中比較年輕的科學家，他的研究和一般電子顯微鏡專家的風格很不相同，其他人總是秀很多非常漂亮的奈米尺寸晶體或分子的影像，這些影像顯示出原子在晶體或大分子內很有規則的排列，但影像中所謂的一個原子其實是和照片垂直的一鏈原子的影像，並非真正是一個原子。反之井島博士秀出一片片的石墨，秀他如何準確的測量石墨片與片之間的距離和每片原子排列的模型，也就是說他是在參加人員中唯一利用電子顯微鏡做定量結構分析的人。

二十一年後，在一九九〇年，當碳六十原子團被Kroto等人發現後，井島趁他對單原子厚度石墨片專業知識的優勢，很快的在日本NEC實驗室發現以石墨片捲成的碳奈米管。成功的實驗科學家往往都有他獨特的技術專長，時機一到，能夠發揮他的長才時也正是他成名之時。一九九二年他第一次在美國發表這項新發現時，我剛好也在同一研討會上又與他見面，憶起諾貝爾研討會往事，又和他建立了更深的職業情誼。碳奈米管現在是被公認為最有應用前景的奈米材料，有可能被應用於下一代電子原件中，也許只會落空，但這項發現使他揚名世界材料和奈米科學界。

根據最新考證，早在一九七〇年代已經有美國材料科學家報導碳奈米管的製造方法和尺寸的初步研究成果，論文發表在非常專業的雜誌上，當時奈米科學仍未被重視，這些論文並沒有引起多少人興趣，當然井島博士也未預先知道這些初期的研究工作。另外一件令我印象深刻的是，當時有一位生物學家Klug在會中一再地和別人爭吵，堅持要瞭解生物分子結構最好的方法是把分子材料先設法加以結晶，再從這晶體的X光繞射斑點來分析這些大分子中的原子排列，電子顯微鏡影像只能供作參考之用而已。當時我覺得X光繞射法不能真正觀察到單分子的原子結構，分子在結晶中的結構不一定和自由自在時的單一分子完全一樣，所以不太認同他這種看法。我也不認同過於喜歡爭吵的人，但數年後，在所有參與諾貝爾研討會的人員中，卻只有這位喜愛爭吵的劍橋生物學家榮獲生物學的諾貝爾獎。

在此研討會中，我是唯一的場離子顯微鏡專家，也是唯一能經常直接觀察到單原子的人，不只如此，還可以直接觀察這些原子的動態，亦即擴散運動，並鑑定其化學元素，因而在此研討會，處處受到禮遇，宴會在主桌上與主持人對座不說，論文也被排為研討會論文專集的首篇。但是二十年後，有幾位參與人員名聲都已如日中天，享譽全球，而我的研究工作反而逐漸被淡忘，這恐怕不是當時的我和其他參與人員所能預料得到的。

話說回來，會中多數世界最著名大學的名科學家已經相繼退休，之後他們也已默默無聞了。一般科學家退休後很快的會被忘得一乾二淨，年輕的一輩不認識他們，如果他們的論文偶而還能被引用就算是幸運的了，只有少數中之極少數有崇高成就的，與愛因斯坦或楊振寧先生有類似成就的科學家，才有機會繼續被尊重並名留青史。

第十章　訪問蘇聯和發現另一個世界

一九七八年秋天，驚喜的接到蘇聯科學院院長的邀請函，邀請我到列寧格勒、基輔、莫斯科和西伯利亞科學城訪問一個多月，他們負責國內的招待和費用，來信一封以俄文寫，另一封為英譯。當時美蘇才剛開始試辦文化和科學交流，應邀科學家人數仍然寥寥無幾，自己能這麼早就被選上，顯示他們對我的研究工作的重視，欣喜的接受了他們的邀請。

做演講和參觀實驗

諾貝爾研討會一結束，我就立即趕往芬蘭赫爾辛基（Helsinki），過一夜後轉機赴列寧格勒（今日的聖彼得堡）。訪問的第一站是伊歐菲（A. F. Ioffe）研究所，它是蘇聯應用物理方面最享盛名的研究機構。接待主人Shrednik是曾獲列寧獎的場發射專家，在數年前接待過我的導師米勒教授，如今他對又能接待賓州州大米勒教授所建立的場發射實驗室新主持人，顯得特別的高興。我被安排住在Moscova飯店，是一家四星級的新觀光飯店，在當時的蘇聯算是對科學家的禮遇。在此停留八天後飛往基輔，停留五天後再坐夜車轉往莫斯科。在基輔訪問了蘇聯科學院烏克蘭分院物理研究所，由蘇聯著名表面物理學家Naumovets（他現為烏克蘭科學院院士，並任該院副秘書長，相當於副院長）接待，住在市中心米勒教授訪問時住過的同一飯店，在莫斯科則由經常訪問哈佛大學的著名晶體學家Chernov接待，住在蘇聯科學院的外賓招待所。每訪問一個地方，科學院總是安排我給一至兩次演講，和一天或半天的實驗室參觀，其餘的時間則派有專人陪伴到處遊覽，這種安排一方面是感謝訪客的遠來，一方面也是文化交流的活動。

在列寧格勒停留時間最久，也玩得最盡興，真正到研究所參觀和演講只有三天，其餘的時間都由科學院安排好遊覽列寧格勒和附近的名勝古蹟和著名宮殿。在伊歐菲研究所給了兩場演講，那時蘇聯控制整個東方世界，俄語在鐵幕集團內到處通用，所以無需學英語，蘇聯科學家英語程度普遍不高，演講需有人翻譯，進度慢得令我不甚習慣，但還是很成功，聽眾對我演講的印象和在牛津研討會時沒有兩樣，在烏克蘭和莫斯科亦是如此。但有兩三次，在演講完的聽眾發問時間，有人提問不十分客氣，有位專程從西伯利亞科學城趕來的聽眾，指責我為什麼在和導師共著的專書裡，從不引用他們的論文。問清楚才知道他的工作是計算機ＦＩＭ影像模擬，和十幾年前西方科學家的研究工作一模一樣，沒有任何新觀念或新發現，我不好意思告訴他，我們怎麼會引用那種無新意又已經落伍的論文。

參觀實驗室得到的印象，不管是在伊歐菲研究所、物理研究所或晶體學研究所，大致相同。當時蘇聯科研制度和美國完全不一樣，美國的研究工作主要由大學來推動，大學基本上負責研究和培育不同階層的科學研發人才，國家實驗室只負責與國防有關的研發工作。蘇聯科學研發和研發人才的培育則都由國家的科學院負責，大學主要任務只在教育學生。美國一般研究用儀表和儀器零件組件均由廠商製造提供，研究所負責開發尖端和大型研究儀器，有時也會請廠商加入儀器的設計和製造。蘇聯則上至尖端儀器，下至電壓、電流儀表等小儀器全部由研究所自己負責製造，他們沒有私人企業加入研發工作。所以蘇聯實驗室的儀器看來比起美國實驗室的要粗糙得多，研究所人員眾多但效率低。

而最大的不同在於蘇聯未開放前，過分注重保密工作，科學知識和觀念的交換受到層層的隔閡和阻礙，研發工作相互溝通不良，以致進步要緩慢得多。蘇聯雖然在極少數與國防工業有關的研發工作上稍許領先西方，但一般說來和歐美科研水準相差甚遠。不過在訪問參觀行程中，我也看到一些極有創意的研究工作，他們用看來很原始簡單的儀器，卻能做出和西方科學家沒什麼兩樣的研究成果。

一九七九年的蘇聯社會

一九七九年蘇聯尚未解體，表面上看來國力十分驚人，本來軍備競賽自從史達林逝世，赫魯雪夫下台後漸漸趨緩，理應有更多的人力、財力發展民生經濟，但根據西方的宣傳，蘇聯正遭遇到空前的經濟困境。到了列寧格勒，我發現這個城市整理得遠比美國都市秀麗乾淨，是個既古典又摩登的世界上最漂亮的都市之一，看不出有任何經濟困境的跡象。除了已安排好的節目外，我也找出一點空閒時間，自己上街隨便走走看看，才發覺食品店架子上空空的沒有多少食物，有食物的店鋪總是排一長列搶購的人。很多西方觀察家以此證明蘇聯經濟隨時會崩潰，但是我發覺民眾平均說來臉色紅潤，並沒有飢餓或營養不良的模樣，反而到處是胖子。當然美國營養學家一再地告訴我們，胖不一定代表有足夠的營養，很多人只是犯了胖病。這些「學者」從來沒有經驗過台灣在第二次世界大戰末期和戰後初期的情況，更沒機會親自看到非洲和大陸或印度鬧飢荒時的慘狀，在那種地方要找一個胖子簡直比登天還難。不進食物還能長胖，無中生有，和隔空抓藥一樣，不是都違反了物質不滅定律嗎？這些營養專家因未曾見過貧窮國家的人民而欠缺普世的關懷，他們實在不知道什麼才真叫飢餓，什麼才是真的營養不良，他們有的是專業的知識，缺乏的是普世的博愛心。

蘇聯人當時穿著樸素，舊而不破，尤其在港口的列寧格勒城市，年輕女人服飾還相當摩登，只是料子稍「差」、顏色稍「土」而已，惟所謂的「差和土」也可能只是材質和品味的不同。到基輔時發現那裡到處是農產品，到了莫斯科，食物和民生用品都不算缺乏，只是質料不甚好，因此我判斷那時蘇聯並沒像西方媒體所報導欠缺食物或鬧飢荒，而是黑市猖獗，大部分農產品除了政府配給的一小部分外，大部份來自黑市交易。蘇聯的問題可能不在於缺乏民生用品，而在於其運輸和分佈，民眾得偷偷的靠古老的私人買賣維生，很明顯的此時共產制度效率很不彰，也看得出共產制度瓦解的症候。當時的蘇聯人非常崇拜西方貨品，人總是羨慕得不到和稀有的東西，把它們視為珍貴，但他們極端缺少外匯，西方貨品只能在特別商店才買得到，而且必需使用外幣。在莫斯科時，一個年輕的男導遊還大膽的向我要求買兩三包洋煙送他，他願以一副畫像交換。後來大陸開放初期就是學蘇聯的作法，一般人要享受舶來品必須用外幣到友誼商店購買，外幣哪兒來政府不管，那時一般人能喝到一瓶可口可樂就高興得不得了，好像喝可口可樂就是人生一大快事，人生一大享受，也許有人會以為這是知足的人生，其實他們高興的是他們有辦法拿到外幣，能享受到別人無法享受的舶來品，這是身份和派頭上的自驕興味，不是味道上的。

遊覽列寧格勒

在蘇聯，他們安排我遊覽了不少地方，尤其在列寧格勒時有位年輕貌美的私人導遊相陪並專車接送，使旅行增添了不少愉快的回憶，或許是因此我才覺得這個都市是世界上最美的大都市也未可知，人受到尊重時的心情是美好的，對周遭的感覺自然不同。時間已經隔了太久，無法記得所有參觀過的景點和細節，大家不難猜到的是，有很多景點應是如列寧紀念館之類的，或和蘇聯革命有關的歷史博物館，對我來說興趣不太大，時間一久也就全忘光了。不過皇宮廣場、沙皇的冬宮和在郊外彼得堡的沙皇的夏宮，還有那列寧格勒民眾為抵抗德軍包圍和轟炸而犧牲的萬人塚令人印象深刻。站在皇宮廣場中心，被半圓形的宮殿所包圍，我彷彿體驗到了坐在馬背上的彼得大帝和沙皇閱軍的威嚴，但曾幾何時，因被剝削的苦難民眾群起反叛，以雙手、石頭和棍棒，擊潰裝備齊全的沙皇軍隊，推翻了末代沙皇尼古拉斯，並在其逃亡西伯利亞途中囚禁樓房地下室，無辜的沙皇家族無一倖免的，殘忍的被亂民所槍殺，令人噓唏。我們只能希望這種人類的愚蠢與殘忍不會被輕易忘記，問題是每個人都曾經學過無數歷史悲劇，人類似乎還沒有足夠的智慧從這些悲劇學到教訓，學會相互容忍、瞭解與關懷並和平相處。

富麗堂皇的冬宮早被改做為美術館，其展覽的沙皇收藏可能是世界上最豐富的法國印象派和其他歐洲著名畫家的作品，不少油畫早在畫冊上有看過，但當看到原作時，印象之深刻不可同日而語。我想如果沒有這位不顧人民死活，生活糜爛腐敗，但酷愛藝術的沙皇，這些無價之寶能否聚集一堂，供百世民眾欣賞也未可知。善惡難於判斷，有時惡有善終，而善有惡報，是非善惡只能由時間歷史來判斷。冬宮美術館藏品太多，不是一兩個小時能夠看完，那位身材修長、年輕貌美且有經驗的女導遊，選擇性的帶著我東竄西竄，欣賞精選的名畫。到達某個館的角落時，瞥見了一整大展覽室的羅丹雕塑，我本特別想看看羅丹富有柔性和感性的作品，但她卻一下子把我拉往別處並且悄悄的說，那些都是西方墮落的藝術品，時間有限不如多看看真正有價值的藝術品，她把我帶到荷蘭畫家林布蘭的展覽室。我早就知道並喜歡林布蘭的畫，也知道他被譽為是荷蘭的米開蘭基羅，經過她仔細分析這些油畫偉大和獨到之處，如在光線、構圖和人物的處理上都比其他畫家更上乘後，我恍然大悟原來以前欣賞名畫是如此的膚淺，她還告訴我，其實林布蘭的作品比米開蘭基羅的作品更有深度更好。

最近我到瑞士洛桑研究訪問兩個月，趁年假之便到羅馬遊覽幾天，有機會到梵地崗看到西斯汀教堂米開蘭基羅的「最後的審判」，內心大為震懾，很難想像這世間竟然有如此懾人魂魄的壁畫。這時才敢斷言我無法同意那位蘇聯女導遊的判斷，不管林布蘭的繪畫技巧和構思是如何的優越，實在都無法和那壁畫中一揮臂，整個宇宙為之震撼的上帝雄風相比。當然這也不能怪她，那位女導遊不可能見過「最後的審判」原作，畫冊上的「最後的審判」怎能和林布蘭的原作相比，而這正是為什麼旅遊時勤跑美術博物館看原作的重要。

沙皇的夏宮位於離列寧格勒有一段距離的彼得堡，我們到達時已經是十點左右，天氣晴朗，溫度逐漸上升，宮內擠滿了觀光客，在人擠人的情況下，我無心欣賞這豪華秀麗的皇宮。對庭院花園內到處都是大理石的人像雕刻記憶最深，有些雕塑鑲上金箔，在初夏的豔陽照耀下閃爍著刺眼的金黃。大家爭先恐後的找位置照相，我和女導遊也合照了一兩張，她以雙手扶持我站在高處照宮殿景色，日正當中，汗水開始滲透汗衫，平時的矜持變得柔和親切，我們兩不再感到生疏，我聞到了她的體香，禁不住問她除了當科學院外賓的導遊外，她有沒有其它人生理想。她的回答單純得令人莞爾細思，她說，她家族來自芬蘭，希望有一天能回到芬蘭觀光，也能成為外國觀光客的導遊。想想她的野心可真小，我參加了無數次科學研討會，有時大家在會中為一點點榮耀和權益，爭吵得面紅耳赤，自己在不知不覺中也染上了一點陋習，或許這種知足，與世無爭的人生才是真正的幸福。在夏宮的一翼內，她告訴我蘇聯著名詩人普希金曾在那兒受過教育，她不忘給我強調普希金有黑人血統，在蘇聯不像美國有所謂的人種歧視問題，少數民族從未受到歧視，而且還有機會成為蘇聯最偉大的詩人。日後離開列寧格勒時，列寧格勒的主人Shrednik還送我幾本普希金作品的英譯本，回到賓州州大後曾經翻閱了一下，可惜蘇聯的英譯本很難表達出普希金特有的俄國風格和詩的韻律。後來工作一忙，也沒能好好欣賞體會被認為俄國最偉大的詩人的作品，這位脾氣和妒性都大的大詩人，三十幾歲就死於因妻子不貞嫌疑而為維護自我尊嚴的決鬥下。

列寧格勒的萬人塚

列寧格勒的萬人塚則由主人S攜帶參觀，他用不太流暢的英語，戚然的敘述第二次世界大戰時，列寧格勒的民眾如何英勇的抵抗德軍的攻擊、轟炸和重重的包圍，人民如何受苦，如何忍受飢餓、寒冷和疾病，在兩三年（一九四一年至一九四四年）的圍堵中，全市的人民戰死的戰死、餓死的餓死、病死的病死，兩百萬人口減少了八十萬，其中平民佔了七十五萬，但列寧格勒市民始終沒有屈服於暴力，另外，為了解救他們也犧牲了七十萬左右的俄國軍隊，萬人塚正是為了紀念這些平民和軍人而建，是他們英勇事蹟的見證。S的描述是那麼動人，我情不自禁的淚水盈眶，一、二十分鐘無法抑止，我當然是為了那些犧牲者流淚，更是為了人性的殘忍、無知和人類的歷史悲劇流淚。

令我無法理解的是為什麼自稱為最高等、有高度文明的動物——人，會做出連低等動物都不會做的殘忍行為，一般動物為了生與存，會為爭奪食物或異性相互廝殺，但他們不會集體的互相殘殺。但人卻會，為了什麼？為了人民的福祉或群體的利益？都不是吧，只不過是為了滿足少數人的權力慾和領袖慾，美其名曰使命感和為理念而戰，如此而已。而那些在戰爭中無謂犧牲了生命的勇士們，他們生時沒沒無名，所創造的豐功偉業，在史頁上也只會被輕描淡寫的帶過，除了提供歷史學家捉摸不定的研究題材，給他們有成名的機會外，不久即將被大眾忘得一乾二淨，這種犧牲有何價值？

不知現在聖彼得堡年輕的搖滾樂一代，有多少人知道他們的父老為了保衛這個美麗的，由彼得大帝策劃興建的蘇俄最大的歐式都市，其中的市民曾經忍受過飢寒和疾病，流過成河的血，最後奉獻了他們寶貴的生命，而如果沒有他們奮勇的對抗德軍保衛城市，整個聖彼得堡或許已經成為廢墟也未可知。話說回來，第二次世界大戰被摧毀的柏林，五、六十年後的今天還是回復了它原有的容貌和繁華，多數市民內心還多學會了一點種族的謙虛、容忍和尊重。過分的祖先崇拜只會養成子孫的傲慢和種族的自大，小則會加速家庭的沒落，大則會導致種族的衰落，甚至於國家的滅亡。俗語說富貴不出三代正是這道理，淡化祖先的英勇事蹟和崇拜未嘗不是一件好事，怕的是因遺忘了歷史教訓，而失去人際與國際關係裡應有的警覺心。

在列寧格勒另有一件事也值得一提，導遊帶的一個景點是蘇聯音樂家柴可夫斯基墓碑所在的公共墓園，他的墓碑從沈溺於祖先崇拜的華人看來是十分的寒酸。在那裡我彷彿聽到了這位偉大的音樂家，為人類的愚蠢悲劇而悲痛的聲音，耳際繚繞著他第六交響樂中，一再重複的悲傷而無可奈何的旋律，好像他早就預見了革命、內戰、第一次和第二次世界大戰，蘇聯人民即將遭遇的悲慘命運。在墓園的角落有塊小小的墓碑，她說最近考古發現那是蘇聯十九世紀著名芭蕾舞舞蹈家貝帝巴的埋葬地。貝帝巴本是法國人，受沙皇重用，成為早期蘇俄皇家芭蕾舞團影響力最大的舞蹈家，以創造古典芭蕾舞步著名，舞蹈過天鵝湖、睡美人、吉賽兒（Giselle）等。內人和我本來就喜愛芭蕾舞，在此聽到他的名字倍感親切，只是那小小一塊墓碑還不如台灣埋葬一個早夭的嬰孩來得隆重。天才兒童音樂家莫札特命運更慘，生時獻給世人天堂之音，死後和無家可歸者的屍體一起被丟進土坑中，沒人知道被埋在哪裡，也不知有沒墓碑，人死了果真有靈魂，這些人的靈魂應更能自由的遨翔，更容易升上天堂吧！

我早就讀過列寧格勒是蘇聯現代芭蕾舞的發源地，也因看到貝帝巴的墓碑，特別要求她帶我到早期皇家芭蕾舞學校和基洛夫（kirov）芭蕾舞團所在的瑪林司基戲院（Mariinsky Theater）看看。學校和舞團曾訓練出二十世紀初最有名的芭蕾舞星：喜歡自組一隊到世界各地演出的安娜・芭夫羅娃（Anna Pavlova），和受到獨斷的藝術總監Impresario（戴雅吉列夫）所控制的，有同性戀傾向的尼津斯基（Nijinsky）。前者離開蘇聯後定居英國，屢次周遊世界，以表演「垂死的天鵝」（Dying Swan）揚名世界，而後者則因瘋狂被送進精神病院後從芭蕾舞界消失。後來蘇聯有名的和賣座的芭蕾舞星，相繼轉到首都莫斯科的波修瓦戲院（Bolshoi Theater），這個戲院的開始聲名大噪，而知道基洛夫芭蕾舞團的外國人也相對的減少了。西方世界當時風靡於蘇聯的芭蕾舞和音樂，一到夏天，蘇聯所有著名的舞團和樂隊全部出國表演賺外匯去了，從遠處趕來蘇聯觀光的客人，反而享受不到他們的第一流舞蹈和音樂。我也不例外，只在馬林斯基戲院外面照一張像而已，到莫斯科時也沒兩樣，像一般觀光客照一張波修瓦戲院的外觀，以證明「來此一遊」而滿足。

基輔令人心寒的教堂

在烏克蘭的基輔，我多半時間也是花在遊覽觀光上，烏克蘭科學院沒有派職業導遊，而由物理研究所研究員Naumovets接待。這裡沒什麼宮殿或著名的博物館，倒是看了民俗村和一個令人心寒的教堂。這裡的民俗村和世界到處有的民俗村其實沒什麼兩樣，總是早期的房子、家具、衣服、農具和日常生活的展示，也都有所謂的世界上最古老、保存得最完整的有近千年歷史的木造房子，只是沒有人會告訴你其間有沒有遭遇過火災，有沒有翻修過，所以這些房子並不特別值得提起。

值得提起的是令人心寒的一個教堂，一千年前左右吧，成千成萬的苦行教僧侶和信徒，相信人生存在這世上必須受苦，來生才能享受天堂之樂。這些信徒苦行的方法不是日夜行走，而是日夜居住在暗無天日的地下坑洞中念經超渡，他們挖掘深達幾百尺的狹窄坑洞，不管老少，一生都生活在那種又黑暗又擁擠的地坑中。在那種環境下生活，人會發展出非常強的免疫力，但到底他們如何維持最起碼的衛生條件來避免傳染病，必定是一門值得研究的學問，不是我們一兩個小時的遊覽所能學到的。當我們鑽進深達幾十公尺的狹窄坑洞裡，看到洞壁玻璃櫃中堆滿幾千架小孩和大人的骷髏，至少有一半是不到一尺的小孩，大人最長也不超過三尺，那時的感覺不是用筆墨所能夠形容的。為了來生享樂，今生必須受苦，到了來生，又要為來生受苦，生生受苦，何時才會有機會享樂？無知和愚蠢的本質，和古怪與殘忍的本性，可能會出現在世界上任何角落的民族，我卻都在這次蘇聯之旅中看到，宛如也親臨其中，我不得不為蘇聯人民在歷史上所遭遇的慘痛命運慨嘆、哀傷和流淚。

有次我在池塘旁仔細觀看浮游水面的小昆蟲，發現它們一生的行為不外是覓食、交配和逃避被吞食的厄運，事實上牠們絕大多數時間都花在注意有沒有魚游過來，隨時得準備逃開。人本來就是動物，性無善惡之分，人性善惡爭論欠缺實質意義，在弱肉強食的自然裡，一般人懼怕的是孤立，它代表著無助與死亡，為了生存，身體柔弱的人類必須結群，需要依靠智力對抗外力，他們只好一窩蜂的追隨群體中所謂的勇者和智者，跟他們在無限時空中隨機飄盪。勇者和智者一方面為了滿足天生的領導慾望，一方面在權力鬥爭中必須利用各種大道理來說服並控制群眾的心理和行為，獲得他們毫無保留的支持與服從，一方面可鞏固自己的權力，一方面也可增強團體的力量，所用藉口和道理不外乎宗教信仰、民族大義，或愛國主義。智者間權力的爭奪，亦即所謂的使命和權謀，正是主宰人類命運和文明的原動力，而所謂的「進步」也只不過是在隨機無序的時空中，飄飄盪盪的方向而已。

基輔的訪問也有輕鬆有趣的一面，有天傍晚，在飯店看到有點可笑，但至少是好玩的事故，我聽到外面有人在爭吵，往窗外一看原來是兩輛車子相撞。在台灣或歐日美，大家會立刻找來警察，查出過錯的一方，寫下保險資料後，大家便可離開，一切善後由保險公司處理。但那時蘇聯剛准許私人擁有車子，大家還不知道什麼是保險，還沒有建立保險制度，警察也不願意管新增的「鬧事」，一有事故雙方便以爭吵解決爭端。好玩的是他們一邊吵架，一邊拿出鐵鎚和工具，馬上就在基輔鬧街上敲敲打打，修理起車子來。也不知過了多久才終於吵完，車子也修的差不多了就相繼離開，後來爭執有沒有解決，或是如何解決的就不得而知了，所幸的是他們的鐵鎚沒有變成互相殘殺的凶器。

莫斯科與克里姆林宮

從基輔到莫斯科坐的是夜車，頭等艙內床鋪乾淨，一覺醒來剛好抵達莫斯科。科學院派來接待的是一個有點吊兒郎當，煙抽不斷的年輕人，住宿則安排在科學院的招待所，它位於離克里姆林宮不算太遠的河旁一棟十幾層高的大樓。第二天早上，不知道該到哪裡用餐，在招待所內找人問，似乎沒有一個人聽得懂英語，還是大都市人比較冷漠，不那麼親切，懂也裝不懂，總之沒人理你。他們倒是懂一點法語和德語，大概是拿破崙和納粹佔領時留下的一點傷痕吧，後來蘇聯瓦解開始國際化時，這些傷痕反而派上了用場，多少加速了他們與外國人的溝通。

我走到外面附近找有沒有餐館時，碰到幾年前以超導性理論（BCS理論）獲得諾貝爾物理獎的施里弗和他夫人，他們也正在找餐廳，花了九牛二虎之力終於又回到招待所內找到了餐廳。我們在一九七二年就認識，那年我在《物理評論》發表一篇論文，報告用FIM實驗觀察到原子有類似Friedel振盪的影像。施里弗當時把注意力轉向表面物理的新發展，看到這篇實驗論文後馬上邀請我到費城賓州大物理系給一場演講（Colloquium），原來施里弗和學生剛發表的理論也做了同樣的預言，他們認為我實驗結果證實了他們的理論。碰巧在那年冬天，施里弗以十多年前和博士論文導師等一起發表的超導性理論拿到諾貝爾獎，他從此不再涉足表面物理，又回到超導性研究上，表面物理也因而少了一位傑出的理論家。

一九八〇年世運會由蘇聯主辦，在莫斯科舉行。一九七九年夏天到達莫斯科時所有好玩的觀光景點都正在翻新整修，大凡美術館、博物館、甚至於公園，幾乎沒有一處是開放的，也因此我只看了莫斯科大學、克里姆林宮、和太空展覽館等等。莫斯科大學主樓有四十層高，自誇為是世界最高學府。美國匹茲堡大學和莫斯科大學很相像，本來只有一棟高樓大廈，接近四十層，只稍為低一點而已。當然一般美國人具有「德州心態」（Texas Mentality），不管什麼都要是世界之最，最好、最高、最快、最大、最壞……只要是「最」就是好的，因此後來他們又在頂樓新建了天線，從此他們便能自跨為是「世界的最高學府」了。那時蘇聯的大學只有少數實驗室，教授的研究工作多半到科學院或國家實驗室進行，蘇聯科學研究主要由科學院負責，所以科學院沒有安排我參觀大學，僅在外面看看專門秀給外國人看的櫥窗，宏偉壯觀的莫斯科大學大樓而已。

太空展示場是一大公園，展示品和華盛頓的太空展覽館類似，因為當時蘇聯在太空探索上已經落後美國甚多，我也就沒有多大興趣觀賞。蘇聯在太空競賽上本來遙遙領先美國，如果拿破崙把中國比做一隻睡獅，美國便像隻睡豹，在沒有發覺火箭的開發對國勢威望和太空探索的重要性前，太空科技遠遠落後蘇聯。一旦發現，在甘乃迪總統號召下，馬上建立太空總署。睡豹一醒來在太空科技立即追上更超越蘇聯，捷足先登月球，被認為是二十世紀人類在科技和工程上最驚人的成就，蘇聯人民當時必然感到十分沮喪，其實這不只代表著美國在太空科技上的卓越成就，也是自由世界政治體系的健全和優越的表現。那是一九六九年七月二十日的事，美國太空船阿波羅十一號太空人阿姆斯壯（Armstrong）在美東時間晚上十點五十六分走出飛鷹號機艙第一步，踏上月球表面上，還說出了一句名言：「對我而言這只是一小步，人類卻因而跳躍一大步。」在此八年前，甘乃迪總統揚言要把人送到月球，並且把人安全的帶回來的豪語，提早實現了，從此人類和地球，太陽系與宇宙的關係和定位都有不可逆轉的改變，人類真正不再受地心引力所束縛，整個宇宙成為人類生存發展和想像的空間。

克里姆林宮，在電視上看到的印象是前面有個龐大的廣場，專供他們十月一日開國紀念日閱兵，用來展示裝有核子彈頭的火箭、重型坦克車和大砲，和雄赳赳雙手前後搖擺不停的兵士，以此炫耀蘇聯舉世無雙的軍事力量，以威嚇西方世界。克里姆林宮代表的是威權和冷酷的共產政權，真正看到時，廣場和宮殿都擠滿來自世界各地的觀光客，一點也感覺不出廣場的大，有了這麼多的觀光客，宮殿看來反而平易近人。克里姆林宮建築羣混合著漆成淡黃色的十九世紀宮殿，和無數中古世紀的教堂，外觀看來更像一個優美的專供人觀光的名勝古蹟，不像是世界共產強權的指揮部。唯一可讓人想像的是城牆上的閱軍台，在它上面曾站著裹在灰黑色大衣內，戴著厚重絨帽的矮胖、表情冷漠的一群蘇聯統治階級者的容貌。是時列寧遺體展覽館還未被遷移他處，外面排著一長列的觀光客等候尊仰儀容，人實在太多，我沒趣等待，一個人的豐功偉業應該從歷史書或文件去尋找，看遺體又能學到什麼，它最多也不過是浸在藥水內，已經浮腫的一具屍體，況且列寧的歷史功過未定，現在我們也只能尊崇他為二十世紀的前鋒共產革命家而已。

一生最值得懷念的訪問經驗

蘇聯的訪問是我一生職業上最特別、最值得懷念的經驗，我一下子看到了另一個世界，發覺這世界對自己研究工作的重視。而「這個世界」，本來我所認知的只有西方政權和媒體所宣傳的，幾乎沒有一樣是好的，樣樣都是令人恐懼的，但真正看到的卻是蘇聯人民歷史上悲慘的遭遇和命運，和他們如何勇敢的反抗專制政權，勇敢的想要逃脫這些厄運，卻一次又一次的陷入不同的專制政權，他們所經過的行徑是那麼的無序、曲折而遙遠，就像無數原子在表面上無窮無盡的那種曲曲折折的行徑。

在蘇聯政權瓦解後，我又有好幾次機會再到蘇俄開會，雖然沒有找時間到處走到處看，但看到的卻是一片社會的亂象，民生用品多了，也多樣化了，人民也自由了，但政府官員貪污腐敗，社會流氓橫行，生態環境被污染被破壞，莫斯科城市不再是我以前看到的那樣井井有條，街道兩旁的綠樹和花草早已消失，被販售外國飲料和零食的攤位所取代，優美的城市也變得有些髒亂，人民臉上似乎掛著少許獲得自由時的笑容。我心想他們到現在還在無序的亂竄，仍然沒有找到向心力，仍需要耐心來摸索出一條走向理想世界的康莊大道。

這次訪問並不全是正面的，如果說心靈吸取了不少新營養，但本身一樣多的養分也從身體瀉出體外。出發前就聽說美國人嬌生慣養，天天生活在玻璃罩的保護下，一出罩子，到處是細菌，身體將無法抵抗，所以美國人到了印度或蘇聯總是生病回來。我到蘇聯不久前在賓州州大時，有一印度裔教授回印度訪問三個星期，回來臥病同樣三個星期，還住進醫院。所以我出發前就打聽先買好藥丸，只要在一杯自來水中放入一顆，水便可生喝。到了列寧格勒，Moscova飯店外觀看來和西方四星級飯店沒有兩樣，但是自來水和浴巾都有一股腐朽的味道，顯然他們不用臭氧或氯氣消毒自來水，基輔和莫斯科飯店也沒兩樣。不敢喝生水不用說，我連刷牙用的水都經過藥丸的處理，但是牛奶製品不得不吃，一吃就吃出病來。不只是吃的問題，有一天在基輔遊覽，要小解，廁所到處擠滿了觀光客，地上濺滿糞便，髒得令人卻步，一直憋著尿，幾小時後回到旅館才敢上廁所，不知是否因此生病，也未可知。

我到達莫斯科時身體已經有點不適，腹瀉的厲害，一出莫斯科在飛維也納的飛機上已經開始發高燒。好在我早約好一對奧國年輕研究員夫婦來接，到他們家小住再轉往柏林開會。我身體本來就算健康，在那位年輕太太細心照顧下，過了幾天就慢慢回復過來，但十八天的蘇聯訪問，體重足足減輕了十磅，還算幸運我並沒有住進醫院，健康迅速的恢復。

第十一章 訪問日本、中國大陸和波蘭

一九八〇年夏天，場發射研討會在日本東京舉行，由東京大學材料系一位資深教授主持。為了資助外國參與人員的旅費，他們替這些人申請各種獎助金，其中待遇最優厚的是日本科學振興基金會的短期訪問獎助金（Fellowship）。

日本東京場發射研討會

到了日本我才發現，所有國外來參與該會的學者中，只有我獲得這項獎助，惟該會規定至少需訪問日本一個月，飛機來回可用商務艙，訪問期間每月還可領到五千美元的生活費，當時美金對日幣匯率仍然佔有極高優勢，對我來說這是一筆可觀的數目。二十年後美金已經貶值到只剩下三分之一左右，此項生活費卻未調整，訪問日本的外國科學家反而覺得日本政府有點小氣，當然現在日本和外國科學家程度相當，可相互學習，也沒有過分優惠訪問科學家的必要。

在那個月我除了在東京開會的一個星期外，也到處訪問各大學，包括東京大學、東京工業大學、名古屋大學、京都大學、大阪大學和在仙台市的東北大學。訪問總是大同小異，除了一天給一兩場演講和參觀實驗室外，剩下時間就是遊覽，有時有友人陪伴，有時自己到處探險，好在我懂得一點點日語，還不至於迷失。訪問日本其方便的地方是飲食和生活習慣與我所熟習的台灣差異不大，日本人喜好乾淨，講究食物衛生，我也很喜歡生魚片等日本料理，一個月下來，體重增加了近十磅，這還不說，回家還剩下足夠的錢買一套好的音響系統，所以這次訪問可算是「名利雙收」，唯一的缺憾是日本夏天天氣又濕又熱，比台灣尤甚，對一個剛從美國來訪問的人很難適應，等到快要忍受得了時，已經是說再見的時刻了。

一九六〇年代和一九七〇年代初期，日本科學家的論文品質平均說來，無法和西方科學家競爭，加上語言上的困難，有時他們在國際研討會上發表論文，還會被西方同儕竊笑，不少西方科學家只要知道下一場輪到日本人演講，就會避開到外面休息。日後我回到台灣工作，曾多次勸同事到國外開會時不一定要發表論文，更重要的是細心傾聽別人的好論文，悉心學習，可惜這種話沒有多少人聽得進耳朵。更可笑的是，我剛回台時，在國內外研討會上，我自己的演講有時也會被年輕或不認識的人，先認定為是來自台灣的爛論文而避開。

到了一九八〇年左右，特別是在應用科學方面，日本的論文品質直線上升，基本上已經趕上西方科學家，在某些應用科學領域如利用電子顯微鏡的研究方面，他們的論文品質已經是有過之而無不及，惟西方科學家仍未注意到，或仍難於排除成見，還是不習慣引用日本的論文，所以在引用論文統計數字（Citation Index）裡，日本論文的平均引用數目遠不及西方科學家，台灣的科學家更不用說了，這種歷史造成的無心或有意的成見，一時很難克服。另西方科學家往往會以「日本人」或「日本實驗室」來取代日本科學家的姓名，這或許和不善於發音日本名字有關，但其實和人種歧視也很難脫離關係。我的研究成果常被西方科學家引用為「FIM的實驗發現」，若換成是西方科學家，他用FIM所得成果，別人引用時必定會冠上他的大名大姓。國內尚缺經驗豐富的科學政策制訂人，常以台灣科學論文少人引用來判斷台灣科學研究遲滯不前，雖然論文引用次數是科學研究進步的比較正確指標，但與西方科學家做比較時，不能只看表面的統計數字，也需考慮到這種「不盡公平」的成習。

一九七〇年代，美國政府投資在物理的研究經費，多半花在高能物理的超級貴重儀器的建造上，大學的凝聚態科學家很不容易申請到足夠的經費購買或發展新科學儀器，到日本實驗室參觀，看到他們資源的豐富，美國科學家真是羨慕不已。當然那時貝爾實驗室和IBM實驗室的科學家，有充分的資源可和任何國家的科學家競賽，他們在美國凝聚態和應用物理界呼風喚雨，惟他們往往只重視與半導體或應用科學有關領域的研究，其餘的領域就由大學教授不死不活的，用最簡單的儀器，和全靠創意來和有豐富資源的歐日科學家競爭，這種情況一直持續到一九八〇年後期才有大幅的改善。二、三十年後，諾貝爾獎在應用物理方面的獎，幾乎清一色由貝爾實驗室和ＩＢＭ實驗室的研究工作所囊括，這其實一點都不偶然。只是這些人在得獎前，因為工業界實驗室已經改變作風，不再支持基礎科學研究，所以大部分人早已轉往大學工作，民眾還以為是大學內的研究工作獲獎，有一長段時間大學在凝聚態科學研究的落後，也就不容易察覺出來。在化學和生物醫學方面就沒有類似的超級私人公司實驗室，諾貝爾獎大多一直由大學教授在大學中的研究工作所獲得，同為大學教授，在不同領域的際遇和機運也完全不同。

日本京都之旅

在日本，我印象最深的是京都之旅，京都大學金屬學系的資深教授村上先生志願接待我，雖然我們並不認識，他年近六十，不久即將退休。雖然是第一次見面，他又親切又熱誠，除了安排系上的學術演講和參觀外，還安排了兩整天的遊覽節目。

第一天整天在系上做學術活動，晚上和教授學生們一起用餐，之後村上教授帶我到京都有名的「古代花柳街」看藝妓表演，他很抱歉說只能帶我到觀光戲院看，因為到真正藝妓館價格太昂貴，只有商人才花得起。其實我無所謂，我本來對藝妓的舞蹈就毫無興趣，想不透為什麼日本男人，看到那種臉孔塗得像白紙的藝妓死板的舞蹈，就會激起他們對女人的熱情，對我來說始終是一個謎。這種具有高度象徵性的東方藝術，不是昇華得太過分了嗎？到底性慾是動物最原始的慾望，除非是「用制約行為反應」訓練出來，我無法瞭解他們怎會被鬼魂般的臉容所迷惑。也許男人花大錢買對女人輕薄的特權，用以顯示他們在社會上的地位和權力的顯赫，或許尋找藝妓享樂是一種正當化了的性交易，用以滿足男人壓抑在心裡的原始慾望。

第二天參觀市區內的名勝古蹟，由村上教授親自帶路，他年紀雖然不小，精力充沛，走路、爬樓梯樣樣不輸給比他年輕十多歲的客人。那天大雨滂沱，我們手撐著雨傘，以計程車代步，到處跑到處參觀，因為他是個老京都人，對京都不只熟習還認識深刻，帶我看了不少細心選擇的七、八個景點，其中包括宮殿、寺廟和有名的日式花園，他特別欣賞的是金閣寺，認為不管是從對稱或式樣來說，這寺的設計都是最完美最富詩意的傑作。京都本來就以日式花園著稱，他的客人最欣賞的則是主人特選的一處日式花園，精巧秀美，每棵樹每叢花都是經過精心設計選植的，再經修剪又配上用心雕琢的石頭、溪流、拱橋和水池，日式花園可以說是與自然協調的人工美的極致。

晚上他帶我到他家用餐，村上教授剛買了一棟新房子，有美國房子一樣大小的獨立樓房，是日洋兩式的混合，既寬敞、舒服又雅致。他怕客人不習慣吃日本料理，特別吩咐太太同時準備了日式和洋式料理，有生魚片也有牛排，配上醇酒，是我在日本享用的最好的一餐。我很驚訝的是日本教授買得起如此昂貴的房子，主人說日本私人公司時常找名教授當顧問，協助開發新產品，當時日本政府和企業界正準備發展太空和航空工業，對鈦合金性質的研究和資料的蒐集極為重視，身為日本金屬學權威的他，必然常負有重責，幫忙詳細做材料特性評估的工作。

第三天由他的助理教授開車帶路，到京都山區寺廟遊覽，我們深入人煙罕至，遊客稀少的山區，寺廟有大有小，至少看了十幾處，這些寺廟的共同特徵是青山圍繞，古松葉遮天，環境清靜，只有盈耳的經書朗誦聲和木魚敲打聲。我萬萬沒想到京都山區裡有那麼多，數也數不完的大小寺廟，而這些寺廟的樣子其實和以前台灣的寺廟很相似，只是更清靜而超俗，料想這些深山裡的寺廟是一般觀光客難於發現的。

隨著時代的改變，日本有廟宇多，但僧侶少而信徒更少的趨勢，不知古代有幾分之幾的人口遠離世俗，在深山寺廟中念經修行超渡，度過清淨無爭的一生。我想問的是，到底是因為有這種去處，社會賢達才會遁逃俗事，國家社會因而混亂，抑或因為社會國家混亂，才把他們逼上梁山，也可能是因為這些理想主義者看破紅塵而遠離人間，社會才得以苟存下來也未可知。還有這些僧侶教化出來的善男信女，他們對國家社會的安定有沒有正面的作用，現在日本信仰宗教的人已經不多，但日本社會比起虔誠信仰宗教的台灣要安全安定得多。很不幸的是在歷史上，宗教狂熱者扮演著擾亂社會秩序的角色往往比穩定力量的角色多，而宗教衝突和利用宗教之名奪權常是戰亂的一大根源，我們看看中東情勢就會瞭解到千年無解的宗教衝突，是人類心地太狹窄，無法忍受異類的恆久悲劇。

在台灣隨著時代的「進步」，僧侶和信徒的數目不減反增，不少僧侶在寺廟內誦經修行，大慈大悲以救世為己任，籌設醫院和養老院等，對弱者福利和社會穩定貢獻巨大，遺憾的是有一樣多的僧侶或如宋七力的同行，假借宗教和神力之名，做斂財和欺騙之實。在台灣我們不容易找到清靜的寺廟，多半的寺廟擁擠著獻香、獻金的信徒，信徒一擲千金，誦經之聲不是被祈求的禱告所取代，便是被擴音機粗俗的流行歌曲所淹沒，看來既熱鬧又低俗。且僧侶間權益爭奪時有所聞，政客以迎接媽祖和佛指的活動來斂財斂名和籠絡選民，一般宗教，尤其是佛家相信因果，這些到底是台灣社會紊亂和不安的因或果，確實值得大家探討深思。

日本科研的飛展

一九八〇年初期，日本經濟剛起飛不久，人民生活已經大有改善，惟國家建設尚未開始，高樓大廈和高速道路還不多，但是我很容易看得出當時日本社會充滿著活力，上至政經高級幹部，下至低位職員工匠，每個人不斷的衝刺，不停的工作，和台灣一九八〇年末期和一九九〇年初期很相像。科學家也不例外，上至教授下至研究生，每人每天從早上八、九點，一直工作到晚上十、十一點是常事，這是世界其他國家只在極少數實驗室才見得到的。可惜這種欠缺經驗的蠻幹，所製造出來的研究論文創意有限，但也就因為有這種苦幹的精神，到了一九九〇年後期，情況就有了顯著的改變，尤其在應用科學方面人才輩出，他們的研究工作一下子趕在世界的先鋒。日本另一個讓人印象深刻的文化特徵是新舊文化的和諧共存，年輕人瘋狂於搖滾樂和柏青哥彈珠遊戲，年長者沈醉於貝多芬的第九交響樂和圍棋，中生代和搖滾樂一代多數不再到寺廟祭拜，但老年人和小部分中生代與年輕一代仍然是佛教、道教和神道的虔誠信徒，即使年輕人已不再虔誠於宗教信仰，他們仍把古習俗當作驕傲的傳統來慶祝。

在日本一個月中，我看到了不少城堡、寺廟和宮殿等名勝古蹟，日光和京都的廟宇、宮殿，與大阪和名古屋的城堡是大家的最愛，主要是因為它們的規模宏大。就式樣來說，日本的佛寺廟宇和台灣或中國的很相似，是比較早期建造的，後期建造的多半是神道的神社，宏偉的城堡是德川幕府時代後才有的，神社和城堡都獨具日本風格，神社清靜莊嚴和城堡宏偉堅固的式樣，都深深吸引了我的興趣。日本古文化和台灣一樣的源自中國，所以日本古代寺廟和中國或台灣的寺廟一模一樣，到了幕府時代，他們才逐漸發展出自己的文化與建築風格。日本雖然在文化上，先是學中國，明治維新後又開始模仿西方，但其間也發展出具有自己特色的日本文化，即使是西方文化，他們也開始融入大和文化獨特的風格，並且不管文化是如何多元，他們立國精神卻一直非常的鮮明，文化與主權不相互混淆。

當我們開始提倡國際化時，記得，也許那時日本沒有用國際化這個名詞，但是他們早在明治維新時期就已經開始推動國際化了。我們起步慢了日本至少有一百多年，如果我們還只念念不忘「偉大的祖國」的根，相信「自外於中國，台灣必先亡」（黃大洲之語），只想依賴祖國或外國，沒有膽量從融合自己獨具的地理歷史背景和不同文化的長處，來創造有自己特色的文化和科技，那麼即使不埋沒於外來文化裡，我們恐怕也只有在後面追趕外國政經發展的命運了。

訪問中國大陸

自從尼克森和毛澤東在北京握手化解前嫌後，中國大陸積極想走上國際舞台，中美也開始試辦科學家互訪。

一九八一年春天，我接到瀋陽科學院郭可信副院長的信，他希望趁短期訪問費城賓西維尼亞大學金屬學系之便，到我的實驗室參觀，雖然來前我們並未認識，他來後看到我實驗室設備齊全，印象深刻，說回國後會邀請我訪問中國。郭可信教授在瑞典拿到博士學位後，長期留在瑞典工作，五〇年代響應毛主席的號召回國服務，文革時期如何生存過來，他從沒有提起，我也不好過問。他後來被選為瑞典皇家科學院名譽院士和中國科學院院士，是大陸少數有國際知名度的科學家，也是中國最著名的電子顯微鏡學專家。我這美國教授平時工作十分忙碌，除了夏天外很難找出時間訪問外國，一九八一年夏天已經來不及，幾經聯絡商討後，終於在一九八二年初夏接受大陸科學院的邀請，訪問北京物理所和瀋陽金屬所各一個星期，後轉至上海晶體研究所兩天，之後由科學院招待到杭州西湖遊覽三天。

這次訪問由中國科學院院長盧嘉錫先生具函邀請，並由教授和北大無線電學系吳全德教授做東，到中國後得知郭教授曾經看到我在諾貝爾研討會專集中的論文，這論文引起了他們的注意，才特別來訪問我的實驗室，也才邀請我訪問中國。我訪問期間，北京住在友誼賓館，瀋陽則住在科學院招待所，這些本來都是蘇聯顧問團（台灣所謂的蘇俄老大哥）的招待所，建築的特色是高得不得了的天花板，住起來的感覺是很冰冷，一點沒有家庭的親切和舒適感。這次中國的訪問行程安排和蘇聯很相似，在兩研究所基本上都是給幾個演講，其餘時間就是參觀、遊覽和討論，時間排得滿滿的，在兩個星期裡，幾乎所有北京和瀋陽著名的名勝古蹟，如故宮、頤和園、圓明園、天壇、香山、北海、中南海，還有不少寺廟，和瀋陽故宮等想得到說得出的全都看了，訪問的大學則僅限於北大和清大。

中國人最重視宴請，這是與蘇聯人最大的不同處，蘇聯人對宴請似乎毫無興趣，但在中國訪問期間，天天中午和晚上都有數不清的歡宴，不是副院長或不同所長的宴請，就是副校長、院長、或系主任的輪流餐宴。有一天郭教授突然帶我到盧院長套房，原來院長是廈門人，小時也曾在台灣住過一段時間，聽說他本來還是個台灣人，知道我是台灣出去的，特別請我來閒聊同鄉舊事。院長女兒拿出廈門名產招待客人，那是我久未嚐到的花生糖，也同是台灣的名產，我們用台語交談倍感親切，院長女兒美麗大方，一點都不像到處看到的穿毛裝的大陸姑娘，倒更像西方女孩，令我印象深刻。訪問期間晚上還經常有未經安排慕名而來的訪客，或是學生或研究員或教授等，一天十幾個小時下來精疲力盡，加以北京夏天天氣炎熱，雖然我玩得很盡興，吃喝得也很開心，食物又是習慣的中國菜，兩個多星期一過後還是消瘦了好幾磅。

文化大革命的摧殘

大陸在文化大革命的摧殘下，中生代科技知識份子全部泡湯，年輕人仍未培育出來，老一輩的多半被下放，沒被下放的也因長期缺乏學術研究環境而荒廢了，所以當時的中國除了專與西方對抗的核彈和火箭研究開發工作尚稱勉強趕得上時代外，其他方面可以說毫無科研可言，估計至少落後西方國家有三、四十年，也就是說接近兩世代的時間和精力全被喪心病狂和愚蠢無知的毛澤東所摧毀，一代罪人莫過於他，奇怪的是即使到現在，大陸崇拜他的仍大有人在，這些人感謝他「統一中國」，中國統不統一比人民幸不幸福，富不富有還要重要麼？我演講時很容易看出來中生代有熱誠，但什麼都聽不懂，老一輩的聽懂些，但牢騷滿腹，學習力早已消失，只有年輕學生似乎可以造就，惟服從式的共黨教育使他們不敢自主，不敢有自己的思維。頭幾年的演講訪問成效不彰，過了好幾年後，才逐漸看到隧道對面透過來的一道光，這種現象不只在大陸經驗到，我曾無數次應邀到東歐訪問，其情況也是這樣。大陸的長處是人口眾多，因此優秀的人才也相對的多，自從開放後，留歐美日學生多得不得了，只要大陸開始民主化，且政府重視科研環境的改善，生活程度也提高，這些人有一天會大量回流大陸，那時才是大陸科研趕上世界前緣的時刻。

在北京我住友誼賓館時，盧院長新到任不久待北京，郭副院長也有公務到北京，他們也都住在友誼賓館，同是住在友誼賓館，他們在員工餐廳用餐，而客人則到外賓餐廳。我很不習慣，幾次問郭教授能否也加入他們到員工餐廳，郭教授總是說外國客人吃不慣大鍋飯，不肯帶我去，當然，主人的客氣我這客人也不好堅持。他們身為院長和副院長，在餐廳和員工一起吃大鍋飯，聽起來是很民主很平民化，但國家未免太虧待了他們，到底他們是國家菁英中之菁英，也曾長期在歐美工作過，習慣於歐美舒適的生活。我就不相信毛澤東和鄧小平會和國務院員工一起吃大鍋飯，為什麼科學院就必須平民化，而政府官員就不必如此，這不是我所能認同的。

在台灣也是如此，在還沒有國外資深學者回來前，不管大學或中研院，除了校長和院長有特別的官舍外，其餘上至所長院士下至職員工友，宿舍等到什麼就分配到什麼，職位沒有什麼區別，這種作法美其名曰平民化，其實只顯示出政府高級官員的私心，只照顧自己不管其他幹部的死活，這種平頭式平等決不是真正的民主化和平民化。在西方，公家機關一概不供應宿舍，僅用薪水區分職務的不同和能力的高低，薪水低的只要在別處節儉，一樣可住好房子，每個人有自由選擇生活方式的權力。在台灣薪水普遍的低，政府提供宿舍作為補償，只是運氣好的請得到宿舍，運氣不好的只能自己找房子，一佔到公家宿舍就等於是自己的房子，可住終身，甚至到妻子去世為止。這種制度缺乏公平性，遲早得修改，只是既得利益者一定會抗爭，台灣的社會公平性和公權力到底在哪裡？懂得抗爭的人佔盡了便宜，佔盡了好處，謙虛或不懂得抗爭的人只能吃虧。

在中國共產黨專制政權統治下，一九八〇年代的年輕人和位階低的人的態度總是唯唯諾諾，一點都不敢有自己的看法和主張，這無疑是社會進步的最大障礙，在學術或科學研究，這種態度更是創造力的致命傷。到北大和清華參觀，歡宴一般由副校長出面，資深教授和兩三位年輕講師作陪，副校長講的盡是客套話，資深教授話最多，除了客套話外，偶而也會抱怨政府政策的搖擺不定等等。講師們一起坐著，甚麼話都不敢說，飯菜也不敢動，一勸再勸才會象徵性的動一下碗筷，有時整桌的飯菜吃不到一半，而他們個個看來都瘦得皮包骨，卻寧可挨餓也不敢多吃，這種情況直到一九八〇年代末期才有所改變。

反觀台灣，在自由民主的號召下，年輕人不再認同安守分寸，但好的還沒學到，壞的樣樣先學到家，在年終尾牙或其他餐宴，只要是自助餐的取餐方式，年輕學生或助理們就蜂擁而上，客氣和動作慢的老教授只能搶到剩飯剩菜，公車上搶位置亦是如此。敬老尊賢本是社會最起碼的處事待人禮貌，時代進步有時的確是「進步」過了頭，在世界任何其他地方，我從來也沒看過年輕人與老教授搶奪食物的例子，在台灣每個人都吃得肥肥胖胖的，一大半人過重，還要搶什麼食物，這真是台灣特有的怪現象，誰說我們不需要教育改革呢？不幸的是我們的教育改革不尊重教育專家的意見，反而由一些在大學裡不善教書的理工科「權威學者」來掌權，他們只注意到聯考甄選和專業學科的教育問題，不知道個人品德的陶冶乃是教育最重要的一環，品德修養受用一生。專業知識天天在變，重要的是訓練學生自我學習的習慣和能力，而不是注重專業學識的灌輸，後者怎算是訓練學生的創造力，那種膚淺的改革不要也罷。

北大與清大

在看到的許多大陸大學中，我最喜歡的校園是北大，北大以文科見長，多數建築古色古香，校園內還有整理得很優雅，青翠樹木圍繞著的未名湖，湖旁的水塔也藏在寺廟似的樓塔內。兩年後我有機會在聯合國教育基金資助下，去訪問北大無線電學系兩個月，由吳全德教授做東，住在勺園，清晨到校園和未名湖畔散步，是訪問期間最寫意的記憶。

清華大學也有古校園，規模甚小，和台灣淡江大學古校園差不多，歷史上清華和北大對中國現代化的影響甚巨，單從舊清華校園，怎麼看也看不出來。其實在五四運動時代，不管是北大或清華，學生人數總共也不超過數千，這麼少的學生，卻能改變泱泱大國的歷史，可算是一個奇蹟，這不意味著那時的學生特別聰明，而是他們的熱誠和歷史機運。不管做什麼事，沒有熱誠和運氣，再好再能幹也沒用，但是如果人才差，運氣大概也很難來造訪。除了舊校舍，清華校舍和一般大學差不多，沒有任何特色，到底清華是以理工見長的大學，理工人員平時不修邊幅，這種生活態度也反映在建築上。

台灣的大學和美國的大學校園也差不多一樣，人文學院建築總不吝於花費，修飾得藝術風味十足，理工學院建築則反映出實用主義的價值觀，又輕薄又正方，只考慮到簡便和使用空間的單位價格，毫無藝術品味可言。我對這種習俗感到十分無奈，但當自己任物理所所長規劃新大樓時，建築師設計的又是同樣的一套，而那時我應該可以堅持，卻在忙碌中，忘得一乾二淨，每想到作一步，米也剛煮熟到那步，要改已經來不及。到底一個人的力量很難抵擋整個社會的觀念趨向，是什麼力量主使這種不合理的概念，就不得而知了。這種趨向，就連世界著名的古老大學都無法倖免，大家只要看看劍橋大學新建的物理系凱文迪斯實驗室大樓就知道了，既沒有古建築的風味，也缺乏新潮流建築的創意，但不少劍橋學院的新建築卻都能顯現出它們特有的風格和氣質。

談到大陸老一輩的人牢騷滿腹，在瀋陽科學院院長的歡宴上，院長整個晚上口無遮攔的罵政府罵個不停，他不只不修邊幅，也不注意儀態，整個晚上嘮嘮叨叨，上罵笨蛋毛澤東，下罵壞蛋共產黨員，沒有一個人不被這位院長罵得頭破血流。我有點吃驚，因為當時大陸終究還是一個專制政權，在其他場合我從來沒有遇到這麼大膽的人，敢惡言批評毛主席和共產黨員，我想就是在最民主的國家美國，批評總統也不能太過分，謾罵得太厲害，就算沒引起旁人的反感也會懷疑你是個極端份子或會認為你有神經病，如果換成在台灣兩蔣時代下，不早被下獄或槍斃了才怪。飯後郭先生才告訴我，這位老先生平時就是喜歡亂講話，在文化大革命時曾因而被下放勞改，吃盡了苦頭，毛死後得以平反，回復原職。學者見到不順眼的事喜歡馬上批評，據實建言或批評本來應該是學者的職責和應有的態度，但批評總要合理，並且適而可止，謾罵就是再有度量的人也會吃不消，他老人家不改老毛病，後來待在院長職位有多久就不得而知了。

遊西湖故作風雅

從上海坐火車到杭州不過是幾個小時的車程，科學院早已委託好由浙江省政府外事處派人接待，安排住在古式的西湖北京飯店，幾年後再度帶內人來遊時，發現此飯店已被拆掉，新蓋上了西式的香格里拉大飯店。由於早聽過「上有天堂，下有蘇杭」和「西湖風景甲天下」的豪語，又聽說是歷代文人吟詩作樂的所在，可是剛看到時有點失望，覺得古代文人未免太喜歡誇大，西湖的自然景色還不如三、四十年前的日月潭，比起瑞士覆蓋白雪的高山峻嶺所圍繞著的湖泊更難相比。第二天一早導遊依照安排好的路線，逐步參觀西湖環湖寺廟、蘇堤和古代庭園，倒也發現一些獨特的人工美，尤其是有天清晨醒來，天空正下著細雨，撐著雨傘獨步垂柳湖畔，沒有吵雜的觀光客，西湖確有詩人筆下形容的清雅。中國古代文人雅士對人工美情有獨鍾，尤其喜歡歌頌湖畔的風塵佳人，即使是對自然的讚美也都用人工加以雕琢，以人為主體，自然為客體，而不是把自己融入自然之中來觀賞自然風景之美。

同樣是欣賞自然景色，西方人和東方人著重的角度就那麼的不同，這大概是中國比西方國家有悠久歷史的緣故吧。人對自然千千萬年來的主導性有反叛的衝動，東方人把自然淡化成人文的陪襯，文人雅士和風流才子把風塵佳人作為主體，自然景色當作背景，這是中國文化裡大家所崇尚的景致。西方社會受到宗教的影響，尋花問柳故作風雅不被認同，亦不敢公開歌頌，且更在科技的突飛猛進下，過分自信而有征服自然和戰勝自然的豪語，挑戰和探險成為西方年輕人的最愛和驕傲，才子佳人暗通款曲僅在腐敗的貴族社會裡流行，也就是說個人很難逃脫大社會所賦予的角色，這就是所謂的社會風氣吧。

西湖之遊成為我第一次訪問大陸的美好句點，之後幾乎每年都會應邀到大陸作一兩次訪問，我在賓州州大的實驗室很快像廚房，成為大陸留學生和訪問學者經常出入的地方。看到大陸在經濟上的突飛猛進，我內心感到無比的欣慰。這種訪問一直到六四天安門事件發生後才告終止，我能夠容忍甚至於理解鄧小平，為了穩定一個龐大國家必須採取的高壓手段，不能原諒的是中共軍方自欺欺人，一再的否認在六四事件中有任何傷亡，這是公然的欺世行為。不只如此，中共政權不知反省，變本加厲的打壓民主思潮，並以世界超強國家自居，在國際政經舞台上興風作浪，打壓台灣在國際的生存的空間，還不時以軍事演習和飛彈試射恫嚇台灣「同胞」，且在東南沿海地區布置五、六百枚火箭，準備隨時血洗台灣。如果歷史經驗能作我們的借鏡，他們應該知道自由民主的歷史洪流，不是任何人抵擋得了的。

六四事件後，我有好幾年沒有訪問大陸，到一九九〇年左右才終止那無言的，順從個人良心的抵制行動。同樣的我從一九六二年出國到一九八八年，足足等了二十六年才第一次又踏上台灣的土地，這也是我對蔣家政權的白色恐怖政策和壓榨台灣居民的無言抗議，到一九九〇年台灣開始民主化，我才決定回台灣為故鄉的科學研究和教育盡一份心力。

與波蘭科學家的情誼

二〇〇四年春天，我又接到波蘭羅茲瓦（Wroclaw）大學的邀請，來年二月到他們舉辦的理論物理冬季學校給一系列演講。他們特別向我解釋，雖然我的專長不是理論物理，但他們對我們的表面單原子、分子擴散實驗的結果非常有興趣，而這次冬季學校的一個主題便是表面擴散。這已經是我第N次受邀，隨著時間N也逐年成長，起先是每兩三年一次，最近增加到每年有一兩次。不同的是這次係在深冬季節的專題學校授課，以往我總是春天或夏天參加他們的表面物理研討會。

提起職業生涯，我和日本與東歐似乎有特別緣分，每年總會應邀到日本做兩次以上的演講，總共去了幾次已經算不清楚。日本同是東亞國家，地理上接近，建立密切職業情誼是很自然的事。不尋常的倒是和東歐，特別是和波蘭所建立的長久而密切的關係。職業情誼並非建立在私人感情上，而是建立在對學術工作的尊重和領域的貼近。專家間深入的探討往往能激發新思維，大家都能受益。

第一次訪問波蘭是一九八一年的事。我在美完成博士學位，投入科學研究已有十餘年，在國際表面物理界初露微光，也剛從蘇聯和日本短期講學回來不久。當時蘇聯政體尚未瓦解，東方和西方科學家很少交流，即使是同行也只是各參加各的研討會，東方論文勉強可從雜誌找到，但雙方科學家沒有機會直接接觸。波蘭是東方集團最先起步開放的國家，表面物理研討會主辦人總會邀請西方表面科學家十來人，和波蘭及其他東歐國家的科學家近百人參加。這個研討會成為當時東西方表面科學家交流的唯一管道，這情況持續有十多年之久。

開會經常安排在山麓冬天滑雪景點的飯店，兩人擠在一個小房間，衛浴設備簡陋，但是主辦人總會想盡辦法申請到充裕的食物。可惜共產制度下的廚師既無烹飪技巧也無工作熱誠，餐點味道乏善可言。幸好集東西方專家於一堂的科學討論成果豐碩，加上主辦人的誠懇招待（尤其是由已去世的 Maria Steslicka教授主辦時，盛情更是令人難忘），都讓人感到不虛此行。隨著東歐的開放和經濟的改善，客人不再需要分攤房間，衛浴設備也慢慢趕上西方標準，食物材料改進了，味道倒是沒有多大變化。

值得一提，也令人難忘的一件事是有一年與會時，華勒沙的工會運動正值鼎盛，我發現會上幾乎每位波蘭同行都別著 Solidarity（有全民團結之意）胸針。我是第一個西方科學家主動向他們要了一只胸針，別在胸前表示對他們理念的支持。宗教偏見作祟，芝加哥大學一位信仰猶太教的資深教授問我，是否知道他們的運動已經變質成為天主教復興運動。

我告訴他此運動本質開始發展成波蘭人想脫離蘇聯控制，想爭取國家主體性的運動，天主教的復興只不過是其中的一個表象而已。這想法後來從波蘭朋友得到印證，之後有不少西方科學家也響應而別上胸針。另一年，朋友還專程帶我到碼頭工人率先工運的聖地，古色古香的Gdansk觀光。回顧Solidarity運動，它不只為波蘭勞工爭取到權益，也和平推翻了波蘭共產政權，更加速了蘇聯集團的崩潰，充分顯現出全民團結的力量。

波蘭是地大，農產品豐富，人口密度不算高的國家。她的歷史命運和台灣類似，歷經德國、蘇聯等外國的蹂躪，比鄰國捷克的命運坎坷，也因而有愛國音樂詩人蕭邦的誕生。在科學方面，波蘭不乏歷史名人，居禮夫人便因發現放射性元素——鐳，而家喻戶曉。普遍說來，波蘭人有濃厚的歷史和國家意識，他們很有教養，也很守法。上公車買票、剪票都採用榮譽制。即使被圍在鐵幕內時期，環境乾淨，都市鄉下到處是綠油油一片，一如極富自然美的公園。蘇聯集團瓦解後，她和捷克是東歐國家中政治和經濟發展最順利的國家，科學的發展也很快。

十多年來觀察，在共產政權統治後期，雖然波蘭政府已經逐漸脫離蘇聯影響並加速開放腳步，但限於資源，科學家外訪人數甚少，兩年一度的表面物理研討會，不管在實驗或理論方面都不足以製造新氣象。而一旦真正開放，更頻繁的研討會加上科學家的長短期外訪，他們科學成果不管在質或量都有明顯的進步。看到他們的科學研究終於得到應有的滋潤，也快速在成長，想到常客的我也曾經在協助他們上盡了一點點心力，內心感到欣慰。這些訪問也增廣了我的見識並充實了自己，這就是學術交流的本意吧。

第十二章　科學家權益的爭取

研究生和博士後研究員在學校學到的，除了實際的科學研究外，還有如何相互學習和探討，或相互合作和競爭，對象可來自實驗室的同事、認識的同僚、或該領域中的同行等。研討會是科學家避免閉門造車的新知交換（Exchange of Ideas）場所，在那裡可以Give and Take（亦即是取與捨），同時也是科學家的競賽場，和運動員的運動場沒有兩樣。科學家競爭的是權益（credits）、認可（recognition）和研究經費等，有了權益與認可名譽就會自然而來。

科學與權益

什麼是自然科學，簡單的說就是瞭解自然運行法則之學，為了發現新法則，其所用的方法就稱為科學方法。胡適之先生很扼要的告訴我們，科學方法乃是「大膽的假設，小心的求證」，從伽利略之後大家已經體認到科學基本上是實驗之學，學理如果沒有實驗的驗證只能算是猜測或空談，還不能成為理論，也還不能算是找到了自然運行的法則。從嚴格的邏輯觀點，理論需要有無數的實驗佐證才能說十全十美。實驗的主要目的是發現自然現象並量測物理特性，另一目的在於驗證理論，理論科學家則是創造有解釋和預測能力的理論。也就是說，雖然自然科學最高的準則必須根據實驗結果，最後的榮耀卻屬於理論科學家。實驗科學家使用的工具是精密的科學儀器和精確的量測方法，而理論科學家所用的工具為現有的數理推論、詳細計算與可靠的數值模擬。

科學家日以繼夜，辛辛苦苦的工作，他們最大的使命是追求和發現科學新知，也就是說在科學研究上有所貢獻，但貢獻首先需要得到同儕的認可和尊重。科學家期望的是研究工作有創意（Originality），而爭取的是權益（Credit），前者很容易翻譯為原創性或創意，而後者則沒有適當的譯名，字典的解釋是榮耀、聲望、債權等在這裡都不精確，我暫且把他翻為權益，意謂發現人或創造人應該享有的榮耀和益處。

談到科學家，賺錢絕對無法和醫、商、或法政界人士相比，那些人努力所得的報酬是萬貫家財、民眾的仰慕、豐裕的生活和巨大的權力。談到享受工作，科學家大概比不上文學家、詩人、音樂家或藝術家，這些人可以陶醉於自己的創作中，達到忘我的境界，他們作品的好壞來自評論家和大眾的主觀認可。科學家有了新發現，和其他人一樣會感到興奮，但他們需要用理性來對待自己的成果，不能被情緒左右了判斷力，因為他們工作的好壞來自同儕客觀的認可。科學家的工作具有挑戰性，不錯，但難道其他職業就缺少挑戰性？挑戰來自於和外界、他人或自我內在預設標準的競爭，不管什麼職業，只要想做得比人家好，或要達到超我的境界，都是一種挑戰。然而科學家是為何而奮鬥？當然科學家的研究成果對人類來說，是新穎的知識，這些成果極具普世價值，也很能持久，但如果我們翻開科學史就很清楚的看到，除了極少數的理論和發現會歷久不衰外，一般人的理論和實驗不到幾十年就會被更完美的理論或更精確的實驗所取代。既使是諾貝爾獎得主的大名，能維持一百年不被忘記的大概也只是少數，普通科學家的成果幾十年後，如果仍有人引用就該滿足了。

一般人把科學家和學者美化了，把他們視為清高的，不求名利的一群人，事實上不然，他們和常人沒有兩樣，喜歡爭名，不忘奪利，他們所根據和依賴和想保護的是創意和權益。抄襲便是缺乏創意的徵候，也是沒有尊重他人權益的越軌行為，這種行為是作為一個科學家的恥辱，必須被所有科學家唾棄，以維持科學家之間的公平競爭。科學家爭執時的處理比起其他行業公平，而之所以公平與其說科學家的內在美德，還不如說科學本身更具客觀性，更容易判斷，還有幾百年來慢慢建立起來的，共同遵守的不成文遊戲規則。尊重這些遊戲規則，並給真正有成就的科學家適當的獎勵乃是科學進步的最佳捷徑。很可惜客觀的判斷不易，這些方面做得往往不很理想，評審時，較「進取」的人總會得到便宜，也常會受到意識型態和個人感情因素的影響，這些是阻礙科學進步的絆腳石，多少也造成一些科學家心裡的不平。

自從江才健先生的《楊振寧傳》出版後，民眾忽然發覺科學家和常人一樣，即使像楊先生那樣性情溫和而謙虛的人，也會為「一點小事」跟和他合作無間多年的李政道先生發生爭執，當然對科學家而言，科學權益絕非一點小事。此書出版後不久，大陸科學家也出版了一本書，書中有李先生對楊先生看法的回應，他對推翻弱作用對等性的發現，自己所經過的心路歷程有詳細的描述，從他自己的認知，是他先想出解決問題的關鍵方法。書中還有不少大陸科學家對「楊李之爭」發表感言，他們把這件事看成中華民族的悲劇，我認為這未免是小題大作，個人一點小爭執並不影響他們在科學上的重大貢獻，這才是大家應該關心的事。也許東方世界還未曾經歷過大科學家的爭執，但在歷史上爭到對簿公堂的例子並不少見。

科學家權益的爭執經常發生，上面已經舉了個例子，DNA雙螺旋結構的科學發現也有它的故事。如果你曾經唸過瓦特生的《雙螺旋》一書，你可能已經發覺他如何巧妙的，把發現雙螺旋模型的關鍵貢獻歸功於自己。歷史上科學家互相爭名的故事，莫過於牛頓和萊布尼茲兩人相互指責對方抄襲，兩人各自奮力爭辯自己才是微積分數學的創始人。經過牛頓和友人二十幾年的運作和辯護，現在一般科學史學者認為牛頓早在大學生時，就已經從曲線曲率的研究獲得微分的概念。一六六九年牛頓把基本微積分的概念應用到力學，但寫成的初稿僅在少數同行中流傳，從未正式寫成論文發表。後來牛頓到歐洲訪問時發現，德國數學家萊布尼茲已在一六八四年正式發表有關微積分的論文，雖然當時科學家一致相信，萊布尼茲並未預先得知牛頓的研究工作，所以是獨立創作，可是牛頓並不因此罷休，以致兩人相互攻擊抄襲，甚至於告到法庭，把歐洲學術界鬧得滿城風雨。萊布尼茲死後，牛頓仍然不敢放心，更加心無忌憚的以英國皇家學院院長的身份，設置「公正委員會」調查此事，然後自己偷偷的竄改委員會報告，在英國科學雜誌發表袒護自己的文章。他也把一生最後二十五年的主要生命花在為自己的辯護上，牛頓和另一著名英國力學家虎克之間也有類似爭執，並且同樣的付諸公堂。誰說科學家和學者是不求名利的超俗的一群？台灣的政客看到這則故事，心裡一定倍感舒服，也許有些人還會自嘆不如牛頓。

十七世紀科學家人數不多，競爭主要來自於自我而非外界，大家不急著發表論文，一篇長篇大論或一本巨著，往往會花掉科學家幾年或超過十年的研究，對論文的正確和品質有自信後才會發表。沒有人能斷定其間會不會在學會或講堂上談起自己的，或聽到別人的基本概念，一旦學到微積分的基本概念，一個優秀的數學家或物理學家很容易發展出整套方法，除了上天有眼，誰先誰後，誰是主要貢獻者，又有誰能做出公平的判斷？科學家經過幾百年的傾軋和學習，已經發展出一套不成文的法規，發表論文時必須嚴格審查，除了創意和品質外，還得細查別人有沒有發表過類似的論文，有則必須照實引用，不然有一天可能會被冤枉或指責為抄襲。有極少數科學家因受到研究費申請的壓力和火熱的野心，製造虛假數據，終於給自己帶來身敗名裂的厄運。

場離子顯微鏡FIM和原子探針APFIM的發明

科學權益的爭執是時常見到的，在早期歐洲，學生和老師的關係很像中國古代，講求尊師重道，在實驗方面學生被當作學徒，老師享受他實驗室所有重大發現的權益，發表論文時學生往往不被掛名。在理論方面則是另一極端，學生創造出來的理論，不管有沒有跟老師討論過，一概由學生自己發表。隨著時代的轉變，歐洲和美國甚至於世界其他國家的習慣逐漸同步，不管實驗或理論研究成果，學生總是和老師共同發表，學生和老師之間的權益爭執也變得平常，博士後研究員和教授老闆間的爭執亦是時有所聞。在FIM領域裡，根據發表論文的時間和一般同行的看法，米勒教授是歷史上利用FIM直接看到原子的第一個人，FIM是米勒教授一九五一年在柏林時發明的。

米勒教授在德國科學雜誌發表一篇論文後，應美國軍方的邀請，到美國好幾所大學演講，到達賓州州立大學時，看到大學城環境優美有如歐洲小城，決定選擇留在賓州州大，之後他就在那裡建立了一個世界知名的場發射實驗室。早期FIM在室溫下運作，已經快要但還沒有真正達到原子解析度，一九六〇年代最熱門的研究課題正是如何改進FIM，使它能真正看得到原子。根據芝加哥大學歌瑪教授的理論分析，只要把樣品溫度降低，應該可以改進其解析度，但歌瑪和米勒初步實驗結果都看不到有何改進。一九五六年，米勒實驗室的一位印度博士生巴哈度，有一天用液態氮冷卻了樣品，他突然看到鎢針的原子排列，很興奮的找來米勒教授，米勒教授看到時感嘆的叫了一聲：「啊，原子，人類終於直接看到了原子！」這無疑是一個歷史時刻，科學家自從伽利略以後就不曾間斷的研究改進顯微鏡的解析度，不知有多少人窮其一生致力於此研究，為的就是想直接看到原子，這正是那「歷史時刻」。不久之後，米勒教授和巴哈度發表了一篇論文，由米勒掛名前頭，繼之而來的一系列論文也都全由他個人名義發表，巴哈度很快拿到博士學位回到印度，從此沒人見到他。回印度後他偶而發表一兩篇論文，惟都只是些不受重視的論文。

幾十年後，一位接近退休年齡，整天無所事事的巴哈度的同學阿倫（也是米勒教授的學生），突然提起這件往事，在研討會上大聲疾呼，說巴哈度才是歷史上第一個看到原子的人，意指米勒教授侵佔了巴哈度的權益。問題是米勒教授過世後，我搬進他的辦公室時在書櫃的一個角落，發現巴哈度所用儀器的設計圖。該設計圖明確的畫有冷卻樣品的裝置，而這設計圖毫無疑問是米勒教授兩三月前在實驗室親自畫的。顯然米勒教授一直不斷的想改進低溫FIM的設計，巴哈度僅僅是個碰上了歷史機運的學生，冷卻樣品既不是他的想法也不是他的設計，只因他是實際作實驗的學生而第一個看到原子而已，這樣他就能稱得上歷史上第一個看到原子的人嗎？那「歷史時刻」時我仍未到米勒實驗室，沒有親自經歷或看到，但我無法認同阿倫狹義的觀點。譬如貝聿名大樓的設計與建造，沒有人會把它歸功於建築工人和工程師，權益總會歸給主要設計師。但在阿倫演講之後，有的同行開始相信米勒教授是侵佔了巴哈度的科學權益，讀者覺得呢？實際時間上先看到原子重要呢？還是構想、設計和推動如何去看到原子重要？也許在下結論前先讀以下的故事再做判斷。

前面我已經稍微提起過原子探針（Atom-Probe FIM或APFIM）的發明，那是一九六六年我剛好拿到博士學位時的事，利用原子探針，科學家可從ＦＩＭ影像，以針孔對準某一特定原子，再利用高電壓脈衝激發樣品表面原子的場蒸發，除了該原子之外，其他所有被場蒸發出來的原子均會被螢光幕擋住，但被針孔對準的原子可穿過針孔，進入飛行時間質譜儀，由它的飛行時間來鑑定其化學元素，也就是說利用這儀器，科學家有辦法看到一個原子並鑑定它的化學元素，這可以說是化學分析的極致。

原子探針的發明也有它的一段故事，那位特別對論文指導老師有心結的阿倫，在另一演講提出類似的懷疑，他認為它是米勒教授底下名叫巴勒乎斯基（Barofsky）的博士生所發明的。巴勒乎斯基當時在米勒實驗室利用電磁質譜儀研究低溫場蒸發現象，根據阿倫的講法，該實驗基本上已經和原子探針無異，只是靈敏度不足而已，巴勒乎斯基有一天想到利用飛行時間質譜儀來研究低溫場蒸發現象，並建議採用有單原子偵測靈敏度的偵測器，所以他才是原子探針真正的發明人。這次我可親身經歷了原子探針的發展過程，所以當阿倫應美國科學院邀請撰寫米勒教授的傳記，要求我協助時，我對他的觀點提出質疑，我特別提醒他，場蒸發的研究並沒有原子探針的概念，原子探針乃是針對看到的特定原子作化學分析的儀器，我認為這概念完全來自於米勒教授。

我還清晰的記得有一天，賓州州大材料系開放實驗室供外人參觀，米勒教授帶我們一群學生一起去看，有個教授為了想分析樣品表面的化學成分，用強烈的雷射光射擊表面，表面原子被蒸發出來，其中有很小的一部分會被雷射光游離成離子，他用飛行時間質譜儀來鑑定這些離子的化學元素，因為離子數目太少，他用有單原子靈敏度的偵測器，來一個一個偵測表面蒸發出來而被游離的原子。我還記得米勒特別問他，你能一個一個計量（count）原子嗎？那位教授答可以，回到實驗室次日，米勒教授突然向我們宣佈他已經得到原子探針的構想，他找了一個剛開始的博士生和一位技術人員，發展他稱之為原子探針的新儀器。的確，米勒教授指定給巴勒乎斯基的場發射現象的研究激發了他原子探針的靈感，但原子探針的概念一直在他心中醞釀，包括我博士論文題目也是為了樣品成分的單原子化學分析。在整個過程中我非常驚奇的是，因為米勒教授心中永遠存著想達到單原子化學分析的野心，才能在這麼短的時間內，把不同的經驗和知識融合成嶄新的儀器構想，發展出原子探針。相對的那位材料系教授的實驗，因為只有很小部分的表面原子能夠游離化而被偵測到，也沒有這些原子和它們在表面位置的資訊，所以很快的從科學研究園地淘汰。但嚴格的說，他的研究工作並沒有白白浪費，因為這項研究在無意中，直接協助了原子探針技術問題的解決，原子探針才得以順利誕生。

在西方科學界，一個人出了名，一定會有人出來加以挑戰，經過不同觀點的學者爭辯後，真相終會越辯越明。在中國或東方文化裡，一個人一旦出了名，也許只是機緣，但大家會西瓜靠大邊，群起而崇拜之，到後來不少著名學者也不過是機運而已，和有些默默無聞的學者相比，他們的貢獻其實相差無幾。從這兩個例子，我們也知道科學家之間的爭議並不比其他行業來得少，只是追求真理的方法更客觀、更公正、更可靠而已。到此我還是再問一下讀者，根據讀者的判斷，實際第一個看到原子的人重要呢？還是提出構想（idea）並設計儀器和推動研究，使得看到原子成為事實的人重要呢？還有歷史書應該如何記載是誰才是首次看到原子的人呢？

最後我得告訴讀者，阿倫的這些文章必然收到不少相反意見。他在最後應美國科學院邀請撰寫米勒傳記時，一改以往作風，技巧的把關鍵觀念和構想又全部回歸給米勒教授，經過了幾年爭論後重回原點，之後對米勒教授創意有懷疑的人必然少了許多。這是否就是真相終於大白，我還是以辛普森的故事做例子，「真相」只存在當事人心中，而所有的當事人都有他們不同的真相。這並不意味著每個人都會以羅生門似的說詞來隱瞞真相，但是所謂的「事實」也不過是個人從有限資料所獲得的主觀認知罷了，而每個人的「事實」又有多少相似呢？

第十三章　回台灣中研院物理所服務

一九八八年夏初，我應清華大學材料系陳建瑞教授（他當時合聘於中研院物理所）的邀請，回台講授表面科學。台灣自從蔣經國總統去世後，首次由本土出生的李登輝先生接任總統，蔣家威權統治逐漸走入歷史，民主政治在台灣露出曙光。四十年來因國家預算有百分之七、八十用在國防，嚴重影響了台灣經濟的發展，到了蔣經國後期和李登輝時代，這種不合理的作法才開始有了顯著的改變。台灣靠著從外國回留的訓練有素的科技人才、廉價勞工和鬆懈的環保政策，傳統和低科技產業迅速發展，經濟快速起飛，科學研究也逐漸得到應有的滋潤。

決定回來台灣服務

在為期三天的講習會中，我介紹國際表面科學的發展近況，也特別介紹自己專長的FIM場離子顯微學。在開會期間，建瑞兄特別帶我到中央研究院面見吳大猷院長，他提到我回台服務的可能性。我因早就聽到加州大學李遠哲教授經常回台灣做長短期講學的消息，而自己心中也不時感到虧歉台灣的教育之恩，所以答應會把他的話放在心裡，回家後好好考慮。

第一次我對台灣教育之恩感到歉疚是一九六七年的事，是我剛拿到博士學位不久的那年。因為來美時的一張單程飛機票，我參加了傅爾布萊特留學生旅費獎助金考試，幸運的考中了。幸運的是我早已經申請到獎學金，不必為留美的生活費用擔心，但旅費仍無著落，而如今有了旅費獎助金我就不必再為飛機票擔心。不幸的是拿了此獎助金，我只能申請到「交換學生簽證」，此簽證規定學生一拿到學位就必須馬上回國服務。一九六六年底我一拿到博士學位，向美國移民局申請延期出境，移民局只准我繼續留在美國兩年做博士後研究，而台灣的「在台美國基金會」主席則一再地催促，台灣急需科學研究人才，要我馬上回台灣為國效勞。雖然我認為在實驗物理科學，沒有「博士後」研究經驗，要做好獨立研究工作並不容易，但在台美國基金會主席（一位華裔美人）卻來了一封措辭非常強硬的信要我馬上回台灣，否則必須立刻償還旅費，我當下決定償還旅費繼續留在美國做研究。在我的論文指導教授米勒教授極力推薦下，移民局終於批准我留下來，但我心中首次感受到對台灣教育之恩和沒有學成回國服務的虧欠與壓力。

在清大建瑞兄的勸導下，一九八九年我同意回清大做一年的研究訪問，中研院物理所一位表面物理研究人員方建雄先生，聽到我有意回台灣做長期訪問，馬上要爭取我到物理所。當時物理所林爾康所長任期早已屆滿，所長暫由何桐民先生代理，物理所研究風氣和成果遠遠落後國外，就是在國內也無法和好大學相比，院士們一再地勸吳大猷院長從美國物色新所長，把物理所帶上來。因此吳院長正積極尋找物理所所長，方兄極力向吳院長推薦，我希望他聘我回來當所長。

一九九〇年春天，我以國科會特約講席回國講學之便，又和吳院長見了面，我們理念相同談話投機，他經過一番思考後首肯聘請我回來當物理所所長，該年九月上任。當天晚上我和清大與中研院物理所的陳兄、方兄、姚永德和謝雲生等人還到龍普飯店晚餐慶祝。一九九〇年時台灣學術界還非常保守，中研院除了新設立的所外，舊所的所長很少由初次回國學者擔任。也許吳院長遭人反對，要不然就是他心中有些猶豫，有一天我在賓州州大意外的接到他的信，說他要我先以訪問研究員身份回物理所，半年後對台灣情況瞭解比較清楚時再聘我當所長。我收到這封信感到驚訝，馬上回封信給他，信中說如果我只想做好自己的研究工作，我沒有回台灣的理由，我是想幫助台灣提升物理研究才想回國服務，除非能當行政主管，我將很難推動這個理想，也就是說我回台灣服務將達不到預期的效果，果真如此我會重估我回台灣的計畫。料想一方面吳院長沒有找到更適當人選，一方面在他詢問國外院士的意見後，決定不再變卦，正式聘請我為中研院物理所所長，依本來約定該年九月一日上任。

一九九〇年時，台灣還沒有真正開放，李登輝在國民黨內的權力鬥爭下，接手著剛去世的蔣經國總統的大位，但缺乏政治班底的他，孤軍受到朝野的夾攻。對於我回台任職一事，學術界人士同樣抱著兩種不同心態，屬於和回國學者不同單位的一群人，很高興終於有資深學者願意回國，為國內停滯不前的學術研究加入了生力軍。另一群人屬於和歸國學人同一單位的人，他們認為國外回來的人是從天空而降的降落傘部隊，回來和本地學者爭搶好職位。當局者迷旁觀者清，前者因為自己的利益不直接受到影響，能以寬容客觀的態度替國家學術進步著想，而後者則為了保護自己的權益想不了那麼多，說來也無可厚非。

至於我看到一九八〇年代後期，台灣的學術研究經費每年增加約百分之十五，在美國學術研討會遇見剛拿到博士學位不久的台灣年輕學者，住的是五星級飯店，飛的是商務艙，並且都以計程車代步。而美國因為研究經費年年緊縮，我們這些奮鬥了二、三十年的資深教授，住的是三星級飯店，以公車代步，看到台灣同行所受優厚待遇又有多少人能不羨慕。然而我之所以想回台灣最大原因是曾被台美基金會主席責備過，在心中一直感到虧欠，所以那位不通人情的華裔美國外交官，也算是盡了他的職守，替台灣「抓到」一個資深學者回來。當然另一個原因是受到台灣同行一再地勸說而盛情難卻，和看到他們對科學研究充滿了憧憬和熱誠的緣故。

總之，過了四分之一世紀後，也想再闖出一片新天地，我真的從滋養我職業成長的美國，回到了滋養我生命成長的故鄉，台灣。

初在物理所的日子

台灣政治體制在一九九〇年左右變化很快，民進黨剛成立不久，仍須以遊行和靜坐爭取民主自由，刑法一百條還沒廢除，政府還在舊國民黨勢力的控制下。中央政府機關中的上級官員，除了少數與外省人關係特別密切的本省人外，清一色是外省人，且本省人也多半只能當副手，他們入官的先決條件是懂得奉承和必須加入國民黨。在鄉下人心目中，中研院是高高在上的御用學術機關，我有些鄉下親戚知道我並非國民黨黨員，他們無法相信我回來當的真正是中研院的物理所「所長」。內人台中鄉下的一位醫生親戚就一再的問我們，所謂的「所長」到底是那個「ㄙㄨㄛˇ」字，他不認為本省人有機會當中研院物理所的所長，以為是因我剛從美國回來，國語發音不清造成的錯誤。內人還半開玩笑的回答他，就是「廁所」的「所」字，重複了好幾次他才終於相信。當然很多人問我，是否以前就和吳大猷院長有私交，我說只見過他兩次面而已，並且告訴他們吳院長聘請誰應該不會受到認不認識的影響。當時很多本省人，甚至於住在台北的朋友，對我當上所長一事覺得不可思議。

台灣的確變得很快，想想那也只不過是十三、四年前的事！

談到吳院長，我和他還真是有點緣分，我第一次看到他是一九五六年的秋天，那時我是暑假剛過不久的師大大二生，應該是在十一月吧，鄧昌黎先生因為建造粒子加速器一事在美國國會作證，他父親是政府的高級官員（記得是監察委員），因而報紙大幅報導這件事。在國際外交逐漸走入困境的情況下，政府決定以推動科學來促進國際關係，因此邀請了吳和鄧兩先生回國講學。有一天他們倆在中山堂做一場公開演講，我和女朋友（即後來的妻子）同往聆聽。經驗豐富的吳先生知道在公開演講上該講些什麼，他講的是基礎量子力學和原子物理，內容非常的簡單，適合於一般聽眾，也就是氫原子的構造和模型等簡單原子的結構而已。這些材料我在暑假時自己看書讀過，也就沒有學到什麼新東西，倒是在演講中，他特別提到當時在美國非常傑出的兩位年輕華裔物理學家，楊振寧和李政道先生。我還清清楚楚的記得他把他們的名字寫在黑板的左上角，當然我只是一個大二的學生，根本沒有機會和吳先生個別見面，我們只是混在一千多名聽眾中的兩個學生而已。如果過了一年，李楊兩位先生沒有榮獲諾貝爾物理獎，我也可能很快就把這事遺忘，只因為他們過了一年就獲得世人尊崇的大獎，吳先生的演講才在我腦中留下深刻的印象，在幾十年後的今天記憶猶新。其實我之所以特別記得這件事也是因為在鄧先生的演講中，談到當時剛剛興起的粒子物理，他談到新發現的不少粒子與如何有系統的區分數目近百粒子（現在已經增加到三百左右）的物理性質方法，其中他提到我從未學到的「新奇量子數」。回校後寫了一份聽講報告，供物理系壁報採用，顯然學長們對科學新知毫無興趣，沒有人參加了吳、鄧的演講會，所以就是看不懂我的報告，以為我把原子中的一些量子數，錯用在基本粒子上而成為「新奇量子數」。我的聽講報告也就沒有被採用，當時真是啞巴吃黃蓮有苦說不出，大二才剛學到近代物理，那能和那些已經學過不少近代物理和原子物理的大四師兄辯解。我這個連老師看了都頭痛的學生，這次反而被踩在師兄們的腳下，當然心裡忿忿不平，對這件事的記憶也就特別深刻。事隔幾十年，有次在院士會議中和吳、鄧兩先生提起這件事，他們都還記得一九五六年秋天一起回台在中山堂演講的事，但講什麼他們已經記不得，倒是我這個當時大二的聽眾替他們留下了一點記憶。

在物理所頭兩年過得相當艱苦，首先我對台灣一般公教人員心態毫無瞭解，自己的性格也太僵硬，缺乏彈性，不會接受我認為不對的陋習，該改的一定要求大家馬上改。在中研院或甚至於在台灣學術界，我們物理所可能是首先每年對研究人員做詳細評鑑的一所，一九九一年春天就已經開始。還好一般說來我們雖然嚴格些，但作法很公平，一方面所內同仁還尊重我的構想，只要利益沒有直接衝突的，都不會反對。在國內我很快獲得物理學界同儕的尊重，雖然對物理學會的會務不特別熱心，卻被推選為物理學會會長，後來也推不掉真空學會會長的職務。特別是物理學會，在我回來的第二年理事會就推選我為中研院院士候選人，如果不是他們的提名，院士中沒有一個人的領域和表面物理有絲毫關係，要由他們來給我提名簡直是緣木求魚。院士提名方式多少靠個人機運，如果你沒有認識的院士，你被提名的機會小之又小，有些重要的物理和應用物理領域，二、三十年來一直看不到半個院士，有一天偶然的機會，一個名聲特別響亮的人被選上，過了幾年院士會議就擠滿了該領域的人，電子工程學就是最好的例子。其實這種情況在哪一個國家都一樣，也不能只怪我們，人本來就喜歡或熟悉生活於自己熟識的圈子內，不習慣到把眼光放遠，去看自己環境以外和未知世界中的人和物。即使我們能把心胸放寬，我們又怎能正確的判斷行外人的學術成就，這正是每屆院士選舉時困擾著大家的一個問題。

第二年有件事搞得我頭昏腦脹，無所適從，幾乎擊垮了我的意志，假如不是年輕時靠著獨自奮鬥完成大學和研究院教育訓練出來的忍性和韌性，我大概會放棄又回到美國。當時美國高能物理界正在籌建超級粒子加速器（ＳＳＣ），需要經費高達一百億美金左右，由於價格太過昂貴，美國政府希望世界各國能分攤部份費用。美國高能物理學家積極找外國政府贊助，台灣既然是亞洲四小龍之一，經濟正在起飛，當然也被列入考慮。在美國的華裔物理學家，地位崇高且積極想對美國高能物理界作貢獻的李政道先生，以他和吳院長的深厚關係，向台灣政府提出贊助五千萬美金的計畫。五千萬美金那時值新台幣近二十億，是一項極為龐大的資金，國科會每年用在基礎物理獨立研究的經費尚不到新台幣兩億，用在基礎科學獨立研究的經費總共也不過在六億左右，這種要求在台灣科學界引起很大的騷動和部分人士的反對。這麼大的投資，政府要先行審慎評估，在台灣「官大學問大，位高智慧高」的文化之下，身為台灣物理界最高研究機關的中研院物理所所長職位還不夠高，那時我也仍未被選為院士，因此不只我從未被徵詢過意見或參與評估工作，還無辜的捲入雙方的紛爭中。當時評審的委員之一是加州大學化學系教授李遠哲先生，他在台灣出生，也經常回台灣講學，對台灣科學發展瞭解十分透徹，意見很受到重視。另一位是世界高能物理權威的楊振寧先生，這兩位諾貝爾得獎人都認為，台灣物理研究應著重在凝聚態和原子、分子物理，他們主張把這筆經費善用在台灣有競爭力，能夠做好的研究領域上。首先我從未被徵詢過意見，雖然我自己也認為這筆經費應該投資在有可能在台灣生根的基礎科學研究上，但因物理所諮詢委員中有楊、李兩先生，身為所長的我必須顧及整個物理所的利益，所以我從未公開表態自己的立場，或許因而同時得罪了雙方的評審委員。

台灣該不該參與這麼昂貴的研究計畫的爭議，在一九九二年院士會議期間達到了頂峰。有天早上六點左右，我在家裡接到了李政道先生的電話，他要我再過二十分鐘後到物理所辦公室見他，他是物理所的諮詢委員，我依約前往。他大概早就知道我雖沒有明白反對，但也從來沒有發言公開支持過這項計畫，所以開門見山就要我不反對這項計畫，他說我應該尊重他在世界和中國物理學界的崇高地位，這點我毫無保留的同意。但是支持超級粒子加速器一事我沒有做任何承諾，談了二、三十分鐘，他終於失望的離開。因為這件事，在院士會議期間的物理所諮詢委員會上，談到我續聘問題時，少數所內極力支持這項計畫的高能和理論物理學家，誤認為我沒有行政能力而反對我的續聘。我在職業上曾受到好幾次不盡公平的批評，有兩次是年輕時在美國的研討會上，兩個資深的猶太裔物理學者告訴我不得指出他們研究工作的錯誤，要不然在申請研究經費時我得小心。如果我學生時最驕傲的一件事是考試時從不偷看，那麼我職業生涯很驕傲的一件事就是公平的對待所有人，從沒有因研究領域不同的偏見打壓過別人。

一九九二年七月，院士會議期間也是物理所諮詢委員會開會之時，既然我不公開支持台灣花費二十億來參與美國超級粒子加速器的建造，所內少數推動此計畫的高能物理同事，把它誤解為我不重視他們的研究工作，向諮詢委員表示所內有嚴重的人事糾紛。很遺憾的是雖然物理所進步迅速有目共睹，少數諮詢委員仍然相信這些人的話，認為我雖然是一個好科學家，但行政能力令人質疑，所長做的並不成功，對我的續聘深感猶豫。另一方面，碰巧該年我在物理學會的推薦下，也是院士候選人，到底這件事怎樣影響我的院士選舉就不是我所能知道的了，當時我感到的是四面楚歌的困境。在物理所諮詢委員會會議上，我向召集人楊振寧先生解釋，少數人反對我的真正原因是我從未表明支持超級粒子加速器建造的緣故。我特別強調物理所是因為我有大刀闊斧的決心，才能在短短兩年內看到顯著的進步，如果中途而廢，則將前功盡棄。弄清楚真正原委後，他一方面支持我的作法，一方面也支持我的續聘，所長一職有了他相挺總算平安通過。而我在第二回合院士會議，幸運的終能在李遠哲等院士等人的支持下上榜，算是不幸中之大幸。一般學會推選的院士候選人，因為在選舉時沒有同行院士為你發言支持，很難被選上，我的當選是少數成功的例子，的確是第一次就成功的少數幸運例子。

物理所所長任內的努力

院士會議期間在美國和國內評審委員們的角力下，台灣科學界最後決定不參加美國超級加速器的建造計畫，美國也在得不到國際和國內支持下終止這項計畫。我繼續所長職務，總共當了三任九年，才因職務年限已到而卸下所長職務。在職期間我堅持物理所發展的大方向和追求卓越的決心，以身作則，不因忙碌的行政職務而鬆懈了研究工作。我對所內所有同仁要求雖然嚴格但絕對公平，不因領域不同而有所偏頗，一旦得到多數同仁的信任，所內人事很快轉為和諧。

所內行政工作全由歷任數位副所長，特別是姚永德先生，和很多熱心公務同仁的幫忙。任內一件很費時間和精神的工作是物理所新大樓的興建，從經費的爭取到和中研院辦公室和市政府建設局以及建商、建築師與所內同仁之間的協調溝通，都需大費周章才能達成。在一九九〇年初期，在中研院興建大樓是沒有一個所長願意做的繁雜而吃重的工作，所長不但需親身到市政府交涉建造細節，院方的行政室也只會做審查工作。但是在大家的辛苦、合作和協助下，大樓終於建造完成。新大樓五千坪出頭再加上舊大樓一千四百坪空間，足以供應物理所將來二、三十年的發展和擴充之需。在研究人員的聘請上，很可惜在我當所長那段期間政府研究經費大幅縮水，但我們還是新聘了十多名研究人員。在聘請新人方面，我特別注重他們的研究和創新能力與潛力，因此其中數位很快在他們專業上顯露身手。另外我們所是台灣第一個物理研究機構實施升等永久職位的評鑑工作，由於我們的作法公正而溫和，雖難免仍有些抱怨，但還不至於怨聲載道。我最自傲的應該是激勵所內同仁自動自發的追求卓越的精神，因此各領域能普遍急速的進步。當然在張嘉升、黃英碩和蘇維彬等人的努力和幫忙下，我們表面物理和奈米科學實驗室成為國內少數具有國際聲望的實驗室，是物理所難能可貴值得持續大力支持的資產。

總之物理所發展得很順利，在幾年內從台灣遠遠落後的第三名，進步到稍微超越台灣最好的物理系所。論文數目和品質也趕上歐美日等國家好大學的物理系，當然要達到先進國家第一流研究所水準仍需努力，但九年辛勤總算沒有白費。而且物理所的進步和追求卓越的精神，多少刺激並開闊了台灣物理學界的視野與自信。有人批評我治理物理所是貪圖安逸的無為而治，其實不然，科學家身為高級知識份子，最有效的激勵方法是以自己作榜樣，培養他們的競爭心和自尊心，並時時鼓勵他們，讓他們自由發展，太過於細膩的經營管理Micromanagement，反而會傷害研究人員的尊嚴和創造力，得不償失。

台灣不管在政界或學界，做好工作往往會得罪別人，反而得不到掌聲，處理好人際關係和懂得迎合和奉承才重要，況且在任內因為美國超級加速器一事，遭受到雙方的誤解，心中芥蒂不易消失。本來就沒有什麼雄心大志的我，卸任所長職務後已經到了與人和與世無爭的年齡，只想把剩下的時間專注於研究工作和培育有自主能力的年輕研究員，並開始發掘業餘興趣。好在對行政工作沒有多大興趣的我，志願當所長也只不過是不惑之年一時的衝動，想要帶領大家提升台灣物理研究工作，既然已經享受過這個機會，不管作得好不好，有沒有人欣賞，自己也應該滿足。人上了年紀，不再有什麼期待，只希望能對學術研究和培養與協助年輕人的自由發展，繼續盡點微薄之力而已。人生一步一步走來，一步一腳印，留下一點痕跡，再也沒有什麼遺憾可言。生靈像雨水，除了滋養大地欣欣向榮，也從涓涓細流聚合成湍急的溪澗，又壯大成河奔向浩瀚的大海，個人不過是從天而降的一顆雨珠而已，今後我該學習和追求的是心靈的滿足和平靜。

二〇〇〇年，核四的停建引發了朝野嚴重衝突，國家社會付出極大代價。不只停工需付賠償金額達數十億，人民對政府政策的搖擺不定產生不信任感，台灣經濟因而出現二十多年來首見的緊縮現象，股價下跌，企業外移，經濟損失慘重。有鑑於朝野常以意識型態處理專業問題，造成國家社會進步的負面效應，台大物理系楊信男和公共衛生系王秋森教授與我發起成立「碧水學社」。學社以「結合學有專精並關懷台灣社會的科學家，定期集會，相互切磋，深入研究，以理智客觀態度，就國家科學、工程、科教、能源、環境、衛健與國防等議題，本著專業判斷，提出符合社會公義和永續發展的建議與方案，供政府制訂政策和社會大眾思維的參考」為宗旨，集合有志科學家約二十人定期開會，會中邀請外界專家演講與討論，等到對問題有充分之瞭解後，再向社會及政府相關機關提出建言。三、四年來碧水學社對核四續建、台灣能源及高等教育政策等都曾深入探討並提出建言。後來政府決定續建核四，我們的建言多少影響了政府官員的思維，使他們決定轉向。學社能否繼續對政府政策的制訂提供專業意見，我只能說種子已經播下，今後成功與否需靠的是年輕人的努力，在這裡我也只能鼓勵學社成員繼續努力並祝福他們成功。

在回台主持中研院物理所期間，家人、二妹幸如和妹夫王炳謙先生的幫忙與瞭解，是我生活上最大的慰藉與鼓勵，使得在重新踏上這塊土地上，看到不管是人事或環境都已經不再是自己回憶中熟習的故鄉，感到相當陌生，和偶而在工作上面臨困難時，還有他們能夠幫我度過這段回國後繁忙的歲月，他們無微不至的關懷，使我能重溫到故鄉的溫馨。

黃昏的回顧

到退休時，每個人應該對自己一生的做人和處事做個簡單的階段性回顧，這既是反省也是辯解。想想我一生每當做事不稱意或與別人意見不合而有所爭執時，同事或同行總會告訴我：「你真是一個學者！」學者本應該是一種尊稱，但在一個人不如意時奉送他人，卻令人眼花撩亂不知所措，不知是安慰或同情，抑或是罵人過分天真無知，和不懂得人情世故的風涼話。

到底什麼是學者，簡單的說他是一個一生不斷的在學習、在思考，在追求真理和培養智慧的人，而學者風範指的應該是一個人的正直、有原則、不好功利，也不在乎別人「關愛的眼神」，堅持理念和不懈的為理想奮鬥的品格。一個人如果這麼單純、脫俗，那只要把學問做好和好好用腦筋創造出更多的知識，那還有什麼值得他感到不如意或與人爭執的事。

但絕大多數學者不是那麼超凡，他們無法擺脫俗念，希望他人能接受或欣賞自己的看法和作法，也想得到他該有的權益，說一句俗語他們也渴望別人「尊重的眼神」。不管在哪一行業總有些人會以使命感為名，追求民眾欠缺理性和判斷的對自己的崇拜，像搖滾音樂歌星一樣的經營聲名。不論什麼地方，東方社會尤甚，「官大學問大，位高智慧高」，對專業的尊重遠不如對權位的崇拜，環境的目濡耳染，使人很難完全忘記追求權位。到底我是不是一個全心全意追求學者理想的人，抑或僅是一個不知足而喜歡嘮叨和牢騷滿腹的人，沒有一個人當了球員還能當公正的裁判。至少我自認為是一個努力工作，努力追求理想的人，只因怕失去原創性，天天強迫自己多動腦筋而忽視多唸書的益處，也因此學問有限。好在年輕時不管做什麼事都想自己動手，從實務的經驗和實踐的態度學到不少新東西。

我本不刻意，但應該是厭惡太喜歡經營人際關係的人，我和李院長一樣輕視那些利用職位整天找機會剪綵和開幕致詞，沈溺於作秀的人。我崇尚學者良知，性情固執，講話正直有時還會被批評為偏激，雖然知道妥協的重要，卻往往做不到，因此得罪他人在所難免。至於我是否就是自己所描繪和所想像的人，那也只能由讀者從我的言行和這本書的內容去推敲，至少那就是我的自我辯解，也是我自我設定的一生追求目標。重要的是在一生中對學術發展、對人才培育和對社會與國家，自己認為都已經盡了一份微薄的心力。

附錄一

時事短評選

提升環保，莫讓垃圾淹沒美景

近十年台灣經濟成長迅速，國民每年平均所得已超過一萬美元，也就是說台灣即將進入已開發國家之林。人民生活富裕，個個穿得漂亮標緻，大吃大喝稀鬆平常，豪華飯店及商店常擠滿了一擲千金的闊（客）人，動輒喝用名酒XO或名錶勞力士。聽說世界上上述商品的銷售量最多的國家，台灣僅稍低於日本而已，日本國民每年平均所得高過台灣三倍，人口數目也超過台灣六倍左右，在台灣高級洋酒及名錶銷售量能接進日本，實在是不可思議的事。

在開車上，台灣人也不肯認輸，雖然在里程趕不上地廣人稀的美國，在次數上應不會輸太多吧。除了街頭塞滿賓士、富豪等高級外國車輛外，每有節日或週末，高速公路更是擠得水洩不通，高速公路反而變成為蝸牛公路了。甚至於機場也不例外，台灣每年出入桃園機場的旅客近五百萬人，也就是說平均每年每四個人就有一個人往外國飛，這在世界上該可名列前茅吧。

台灣人就是忙，忙著賺錢，也忙著亂花錢。

賺錢是一件好事，只要賺得正當，有什麼不好？一個人賺多了錢，不只自己不愁吃穿，國家也變得富有。努力花錢也不是壞事，賺錢的目的本來就是要花用的，要享受的，不敢花錢，貨物就囤積，反而會使國家經濟呈現蕭條。最近美國就是個好例子，由於國家經濟長期不景氣，人民缺乏信心，有錢也不敢花，只敢用來購買股票，股票價格上漲，人民反而失業，經濟也更加蕭條。

但花錢要花得當，花不當不只沒有提高人民生活品質，反而把台灣生態環境破壞殆盡。想一想，為了顯赫而戴一只勞力士或喝一瓶XO，台灣必須向外國銷售多少塑膠玩具、拖鞋、保麗龍、布匹、或加工品。在製造這些廉價產品時要污染多少台灣的空氣、河川和環境，也難怪三、四十年前可以游泳釣魚的淡水河，現在連划船都嫌臭呢。習慣成自然，在此我想請問大家，台北市一年有多少天，空氣清淨得能夠看到遠山？我看大家已經忘了台北市是環山的都市吧，我們花錢應該花在公共建設、住房及美化環境上，這樣生活品質才會真正提高。

大家只想賺錢，父母教育子女想到的是學成可以賺大錢，不是當醫生就是從商，除了電子資訊業外，工程師已經不再是熱門，基礎科學或文藝行業更乏人問津。學校教育似乎也只著重專業，學生的公德心低落，在公車上很少看到年輕學生讓坐給老人或殘障的美事，而從媒體聽到看到的消息，年輕人不是吸毒飆車就是械鬥殺人，在交通上闖紅燈時常可見，到處丟垃圾是司空見慣。我常有機會接觸來台的外國客人，大家對台灣經濟發展的迅速都佩服得五體投地，但很少人對台灣有真正的好印象，有些人不客氣的說台灣是一個名副其實的垃圾島，整個島丟滿垃圾，到處是噪音、污水和臭氣。

來看看我們的都市吧，在台北除了市政府和總統府周圍與幾個公園，有專人打掃還算乾淨外，幾乎沒有一條街不是散滿塑膠袋、廢紙、廢鐵、廢輪胎和廢車。淡水河污濁不堪，一遇天熱就臭氣薰天，就算開快車，在半哩外也會聞到惡臭。

我原以為這只是在大都市才有，鄉下不會這樣，但請你到鄉下走一趟，有哪家屋簷角落沒有垃圾，有哪條水溝或小溪不是丟滿垃圾？有次自強活動到草嶺旅遊，感嘆於台灣風景之美，層疊而翠綠的峰嶺，深邃的山谷，竹林小徑看來更是詩意。是的，這只是遠看時的感覺，近看就慘了，愈是好玩而遊客多的地方，垃圾堆積得也愈多。有一條竹林小徑，從山上直通山谷溪流，沿途可以看到穿過竹葉的閃閃日光，可以聽到竹葉飄落的窸窣和潺潺的溪流與瀑布聲，真是詩意。一旦你往下看時，所有的詩意就消失殆盡，不是竹子上刻滿遊客的名字，就是小徑兩旁推滿紙盒、塑膠袋、以及鐵和鋁罐等。想一想這些破壞生態的污染都是我們國家將來的主人翁在課外活動時所留下的「好玩」的紀念品時，就令我啼笑皆非，我們首先該做的就是好好的把領隊們叫來教訓一番。

台灣是所有居民的寶島，她本是一個美麗島，葡萄牙人還驚嘆的叫了一句：「Formosa

（福爾摩莎）！」不要因為現在大家有錢了，用得起塑膠袋、果汁盒、飲料罐，買得起車子、唱得起卡拉ＯＫ，就可讓它沈淪為垃圾島。讓我們勉勵自己，也好好教育下一代環保觀念，養成乾淨的習慣，台灣才會永遠是一個美麗島，生活品質才會與國民所得一起成長，在此呼籲大家，不要把美麗島變成垃圾島！

（原文刊載於一九九二年八月廿四日聯合報學者論壇）

中秋談環保

中秋節前幾天收到一大盒月餅，是上司朋友送來的，他平時工作忙碌，很少有機會看到，收到這盒月餅，心裡感到一陣溫馨。禮盒很重，猜想裡面一定裝滿一個個大月餅，盒子放在一個大提袋裡，這紙質的提袋上印有詩情畫意的中秋月景，紙面還塗上一層塑膠，看來很亮麗。

我的第一印象是為何送來這麼大一盒高級月餅，不是太破費了麼，而且我們夫妻兩人怎能吃完這麼大的一盒月餅。等到拿回家，把禮盒拿出來，發現盒子上面還包著一層透明的玻璃紙，玻璃紙印有金色圖樣，禮盒當然又是印得富麗堂皇，還沒打開它，我們已經在暗自高興，今年中秋節口福真是不淺。

把盒子打開，裡面裝著十二個看來中小而細緻的月餅，當然每個月餅另用玻璃紙包著，然後置放在一個金色的塑膠隔離盒中，紙質禮盒出奇的厚，有半公分多，原來重量大部分來自紙盒。盒子裡面有點空空洞洞的，靠著隔離盒和玻璃紙勉強把月餅塞到不會鬆動。其實小的月餅才精緻味美，這麼一想就恨不得馬上拿一個塞進口中，千等萬等，等到吃飽飯，總算可以享受一下月餅了，花了不少力氣才把堅韌的玻璃紙撕開。一個餅足夠兩個人吃吧，得注意體重啊，切了一半咬了一口，覺得又鬆又軟，材質很普通，沒什麼山珍海味，味道還可以沒什麼特別，半個吃光了覺得一點都不過癮，只好又開了一個。就這樣兩天內整大盒月餅已經被我們夫妻吃光了，雖然吃得不頂過癮，也算是過了個好中秋。

吃光了才發覺到真正的問題，空盒子要怎麼辦？這麼大而漂亮的盒子丟了真可惜，不丟，家裡早已經堆滿了空禮盒。每次收到禮物或買件日常用品，總是裝在富麗堂皇的大盒子中，裝的東西也許不多，質料也很平凡，盒子可是一個比一個貴重一個比一個大，怎捨得丟。房間本來就小，早已擠滿空盒子，再也找不到適當的地方，就是有，儲存這些空盒子又有什麼用處呢？每個家庭差不多都有同樣的經驗，一樣有不少沒用的美輪美奐的大空盒子。

中秋節是很有意義的民俗節日，除了家人齊聚賞月和吃頓大餐外，親朋好友和機關主管或同事不免互贈月餅。其實中秋可算是豐收節，吃頓好飯是對自己一年來辛苦工作的犒賞，緊繃的生活也可放鬆一下。也是感恩節，贈送月餅是為了表示繼續親戚朋友間的情誼，或答謝同事一年來的努力。又像是情人節，或千里共嬋娟或相約欣賞明月，是兩地相思也好，是一地相映也好，多詩意，多情意。這是充滿著人情味，祥和社會的好習俗，只是在贈送月餅時我們也看出了台灣環保的一個嚴重的問題。月餅是很便宜的東西，一個材質好味道美的大月餅最多也只需花二十元左右的材料，一盒四到八個月餅的禮盒，真正吃進口中的餅也不過一兩百元的食物，但商人為了製造好品質的假象，又花了等量或更高的經費來包裝，月餅可以省，包裝省不得，當然這種作法只是為了滿足消費者的需求，包裝好的禮物才像樣，才夠誠意。

如此，嚴重的環保問題就來了，每個禮盒包裝材料遠比月餅重，月餅是自然界的有機物，不是主要污染源，但層層的包裝全屬於不易腐化的高污染塑膠和紙類，製造這些材料所需的能量和化學原料不說，處理製造時所排放出來的污染和處理這些高貴的廢棄物，不知要花多少消費者不易看到的費用和社會成本。其實我只是用中秋節作為例子，其他節日又何嘗不是如此，而平常生活所製造的垃圾量更是可怕，沒有人願意垃圾掩埋場和焚化爐建造在自己家附近，民眾動不動就用遊行和抗爭來反對，使我們的社會混亂不堪，卻很少人願意花點精神，努力用改變習慣和觀念來減少垃圾量，並努力推動資源回收工作。

台灣環境污染和生態破壞的嚴重性大家都已經警覺到，工廠的廢氣、廢水和廢棄物很容易引起民眾的恐慌和不安，其實如何減少和處理這些高毒性的污染已有法律的規範，只要商人喚出良心遵守法律，環保署官員不瀆職，官商不勾結，不縱容廠商，嚴格執行法律，應該不難改進。不容易被民眾注意到的是民眾本身製造出來的垃圾，一般家庭的廢水和廢棄物，很難制訂完整的法律來規範，而政府官員在選票的壓力下，不願意得罪選民和民意代表，也就更難嚴格的執行環保法律，要改進污染問題主要得靠民眾自己來關心，以改變習慣和觀念來減少污染量並節省能量的使用。

我們希望新政府拿出魄力，倡導民眾改變不良的習慣和觀念，以達到保護生態和環境的目的。另外，不管是國內或國外，歷史上社會的大改革多半來自於富有熱情和理想的年輕人，在此我也呼籲台灣的年輕學生能更積極的倡導並身體力行，推動生態和環境的保護工作。

（原文刊載於二〇〇〇年中秋自由廣場）

核四爭議的理想和現實

發展核能的爭議已經持續了三、四十年，核四爭議也有十年以上，經過這些年來無數次辯論，至今仍無客觀結論，原因很簡單，發展核能和核四的興建與否已經不再是專業判斷的問題，它老早就被泛政治化了。擁核者堅持沒有核四的話，台灣電力不足以發展經濟的需求，其它替代能源不可靠也不能應急。反核者認為核四是專制政權控制立法院時所通過的法案，反核能和反核四就是反專制，雖然立法院已經通過核四全部預算，這法案對新政權並沒有約束力，況且只要提高發電機效率，節省用電，並將電力自由化，台灣現在不缺電，將來也不會缺電。

經濟部核四評估委員會中反核者和擁核者經過四個月的討論，最後是以各持己見收場，這種討論的價值和客觀性值得懷疑，這幾個月白白浪費掉不說，對社會也造成不安。經濟部長提出廢核計畫，最重要理由是核廢料處理問題難以解決，興建核四等於把子孫們的生存空間剝奪了，我贊成這種說法，但是不建核四，難道我們核一、核二和核三所製造出來的廢料就可以不處理了嗎？既然必須處理，核四廢料不也一樣可以同時加以解決。

我的理想是反核能，反對發展任何過分破壞生態環境的能源或工業，多發展節省能量的科技和產業，並開發再生能源，而且寧可減緩經濟發展也不要再破壞生態環境。在很多場合，我一再地主張台灣應該發展乾淨的產業，或少用能源的產業，也就是高智慧型的產業。

但反對核能並非就是反核四，原因是核四的興建已經在國家最高立法機關通過，除非以革命推翻中華民國政府，我們就必須遵守中華民國法律，不能因政黨輪替便把國家重大的既定法案完全推翻，重大政策的延續性很重要，要改變可以，但必須透過正規程序以立法來改變，只是現在執政黨有能力改變控制立法院的反對黨立委的思維嗎？任何個人主張都應該屈服於民主政治體系的維護，要不然我們又會回到恐怖的專制時代，試想綠色恐怖和白色恐怖又有何不同？

繼續建造核四其實一點都不違反民進黨的黨綱，核四是國民黨執政時用其立法院的多數權力強行推動出來的，民進黨現在不過是繼續本來已經在執行的既定法案而已。核能政策和核四建造決策的歷史功過應該由國民黨負全責，民進黨的責任僅在於預定的期限和預算內完成核四的建造。民進黨只要不建核五就沒有違反黨綱，這麼簡單的邏輯應該是顯而易見的。我現在主張核四應該繼續建造的理由是：

一、經過國民黨幾十年來的教化，多數民眾早已深信不建核四台灣經濟就會崩潰，現在要改變民眾的想法恐怕已經緩不濟急，廢核四勢必會造成社會的極度不安，股市早就反映出這種現實，我不敢想像台灣菲律賓化的可怕景象。

二、核四續建當然還需花費千億以上，但這種花費是有收益的，廢核四也需花這麼多的錢，這種花費不只毫無收益，還會影響我們的國際信譽。

三、建不建核四，核廢料一樣必須花錢以最先進的技術來處理，不處理才是對不起子孫。

四、唐院長和江先生的提議非常合理，核四不管在安全性、廢料量或在發電效率上都遠比舊核電廠高，如果有必要應以提早除役舊核電廠，來提升安全性和發電效率並減少核廢料量。

誠然，再幾十年，這些核能廠退休了，台灣就有四座幾萬年都難於再利用的廢墟，唯一的用途是當博物館供後人作歷史教訓之用。但人造廢墟到處都有，萬里長城不就是最好的例子，建造它不知浪費了多少資源和犧牲了多少生命，它從來也沒有真正發揮過抵禦外侮的功能，唯一用處是供那些大民族主義的後代自豪而已。我們希望不管哪一黨執政，今後都不要再新建核能廠，而現在我們所能期望的，也只是將來科學家會發展出新技術來解決廢墟的問題。

我們做任何事都要有理想，也都要為理想奮鬥，但這並不是堅持己見，現實還是逃不掉的，堅持個人理想而不顧現實和他人的看法，並不擇手段達成這種理想，就可能有危險而變成為專制者。正如幾天前某前校長所說，希特勒和毛澤東也都有他們的理想，只因過分堅持自己的理想，人民反而蒙受其害，純粹的個人理想主義者不能不以此為戒。

最後我得聲明，我是永遠的反核者，永遠反對以發展經濟為藉口破壞生態環境，但是我更珍重得來不易的民主體制，現在勉強支持續建核四，也只是為了實現更高的理想和顧慮到現實而已。

（原文刊載於二〇〇〇年秋天自由廣場）

準備迎接「氫氣經濟」的來臨

動力是經濟發展要件，瓦特發明蒸氣機激發了人類史上最大最快的經濟轉型，帶來產業革命。再經過兩百多年的進展，現在交通工具主要使用內燃引擎，其他機械的運轉和家用能源則非電力莫屬。不管是引擎或電力，最重要的能源是碳水化合物燃料，亦即燃油、燃煤或天然氣。燃燒這些天然蘊藏的能源都會排放大量的二氧化碳和其他污染氣體到大氣，破壞大氣二氧化碳的平衡，造成地球的暖化與空氣的污染，是人類永續發展最大的殺手。

由於石化燃料經濟體系已經永久傷害到我們賴以生存的地球，而且石化原料蘊藏量有限，不久就會用盡，加以最近燃料電池研發的進步，美國總統布希在今年一月底宣布推動「氫氣燃料率先計畫（Hydrogen Fuel initiative）」，期待在二十年內把全國交通工具能源從石化燃料逐漸轉換為乾淨的氫氣。他在四月又宣布「解放汽車率先計畫（FreedomCAR initiative）」，鉅額投資兩項計畫以加強燃料電池的研發和國內普遍使用氫能時所需周邊設備的建置。美國和歐盟也於六月底發表共同推動「氫氣經濟」的聲明，目的在於制訂規章、標準和法律，及在技術研發上合作，以促成氫氣經濟的早日來臨。

氫原子是自然界裡最小最輕最簡單的原子，宇宙中約百分之九十的原子是氫氣原子，地球上它以水和碳水化合物的形式存在。以往氫氣除了用在學理的探討和化學合成外，並沒有引起民眾的普遍注意，它對經濟的影響也少為人知。不過情況即將改變，很多科學家相信二十一世紀的經濟將由「碳經濟或石化經濟」轉型為「氫氣經濟」。

氫氣能源的好處是只要成功的找到從水提出氫氣的方法，它便用之不竭，且燃燒時只會排放水氣，不會污染空氣或傷害大氣而造成地球暖化現象。可惜地球上並沒有儲存大量現成的氫氣，它必須用其他能源來製造，也就是說氫氣能源的使用必須有生產其他再生能源的配套。最為理想與直接的氫氣製造法是利用陽光和觸媒劑來光分解水成為氫和氧，如此做，氫氣可算是太陽能的帶媒（carrier），太陽能用之不竭。另一種可行的方法是利用太陽電池或風能發電來電解水成為氫和氧，可惜大量生產太陽電池和風車發電也會造成環境的化學和噪音污染。

氫氣和氧氣可直接當作內燃引擎的燃料，也可透過燃料電池來發電。燃料電池的構造和一般電池類似，有用觸媒劑製成的陰陽兩電極，氫氣和帶氫化合物如天然氣、甲醇或普通汽油都可用作燃料。燃料從陽極注入，空中的氧氣從陰極注入，經過兩極之間的多分子電解劑和過濾膜的電化學作用，兩極之間就會產生電流。如果利用碳水化合物，則此電池仍然會排出二氧化碳，但因為電流來自電化學作用，並沒有真正的燃燒，所以比使用一般引擎還是乾淨許多。更重要的是再生能源的生產需要從大氣吸取二氧化碳，其量和燃燒時排放的相同，所以大氣的二氧化碳並不因再生能源的使用而增加，也就是說大氣的二氧化碳含量可維持動態的平衡，不會對地球造成不良效應。

燃料電池不只可用在交通和生產工具上，也可直接供應家庭和大型建築用電。但要普及氫氣的使用，我們必須先開發安全的儲藏和搬運技術，還必須普遍建置氫氣使用所需周邊設備。氫氣的儲存與搬運可用高壓氣瓶或液態氫瓶，也可把氫氣儲存於奈米碳管或奈米顆粒化合物中，奈米科技在這裡派上用場，惟至今仍未開發出成熟技術。液態氫因為輕體積大而搬運不便，而且很多人擔心它的危險性。不過最新研究顯示氫氣洩漏空中時，因比空氣輕會很快向上擴散而稀釋，不會爆炸。一般人誤以為「辛登堡（Hindenburg）」太空船失事是因為氫氣爆炸所致而對氫氣心存恐懼，真正原因是靜電放電的火花點燃了太空船的布料外皮所引起。真正值得我們擔心的是最近美國加州理工學院科學家認為在製造、儲存、搬運和使用氫氣時，很難避免的約百分之二十的漏失將造成臭氧層的破壞。總之氫氣經濟看來近在咫尺，但正如美國政府的預估，仍須二十年的積極研發評估與周邊設備的建置，才有可能把現有的多污染石化經濟轉型為乾淨的氫氣經濟，而且除了需要大量投資開發外，政府和企業也得有決心才有成功的指望。

台灣在這方面也有不少研究，但熱誠遠不如先進國家，人民的認知也很缺乏。很多人會質問我們一下子要追趕生物科技，一下子要推動奈米科技，現在又要談氫氣經濟，台灣何必一天到晚跟著先進國家後面跑，到後來還不是一事無成。而且燃料電池在汽車上的使用，世界各大汽車廠早已大量投資研發，技術也快成熟，很多工廠已經推出燃料電池試用汽車，甚至於波音公司都將開始測試燃料電池應用在飛機上的可能性，台灣何必又怎能與之競爭。本來世界競爭就是這麼的激烈，只要慢一步，要追趕就事倍功半，在世界主流科技研發上，台灣一直是後知後覺者。

至於台灣應該推動哪種科技和如何推動才具優勢，這問題應該參考國外權威的意見後，由國內學者專家和政策制訂者共同討論議決。

（原文刊載於二〇〇三年七月八日自由廣場）

發展奈米科技，提升台灣產業

很多科學家認為奈米科技和產業的成功結合，將會激發二十一世紀的新產業革命。有些人甚至於大膽預測，奈米科技對人類的影響將遠超過半導體和資訊科技，原因是它不只會對電子和資訊工業造成重大衝擊，也會對化學、材料、生物和醫學技術做出同樣的貢獻，因此值得國家大量投資，加緊這方面的研發工作。前年一月美國總統柯林頓向國會提出一項推動奈米科技的法案，大量投資此項研究，其他先進國家也不甘落後，把發展奈米科技當作國家研發重點。

到底什麼是奈米科技？奈米是長度的單位，它代表的是十億分之一米，或約三、四個原子串起來的長度。一般說來，只要尺寸在0.1至100奈米之間的材料結構的物理化學性質研究，和這種材料結構的製造、操縱和量測等技術和儀器的研發，都可稱之為奈米科學和技術。我們是否已經進步到真正能把奈米科學的發現，大量應用到工業產品的程度呢？在某些化學材料的應用，如染料和塗料，鋰電池材料與隔離膜等，奈米技術已經成功的用在生產技術上，但談到大規模應用，我們不妨借用美國ＩＢＭ公司奈米科技研究群主持人最近講的話：「其實現在還談不上奈米科技，只能說奈米科學而已」，也就是說在現階段，奈米技術尚未成熟，與奈米科學仍無法區分。原因是雖然科學家早就知道自然界裡有不少奈米尺寸的材料結構，生物分子便是最好的例子，但到現在還沒有發展出成熟的技術或能力來操控這種超微小結構，也沒有簡易的量測它們物化性質的方法和儀器，對這種材料的運用原理更欠缺瞭解，仍離大量製造和應用甚遠，而解決這些問題正是奈米科技研究的主流方向。

在此，我們不妨以電子原件為例稍做說明。現在電子產品元件中的電晶體和連結尺寸都已經縮小到 15 奈米以下，在電腦不到兩公分平方的中央數據處理器Pentium IV裡面就有四千多萬個這種尺寸的電晶體。台灣不少矽晶圓公司已經成功發展出內結構小於 110奈米原件的製作技術，科學家預料光刻法極限將在 40奈米左右，用電子或離子束刻畫術還可縮小到10 奈米級大小。利用掃瞄隧道顯微鏡可再減小近一數量級，能夠有控制的搬移單原子和分子，所以原件尺寸勢將隨著時間縮小。到底器件會縮小到哪種程度呢？那就要看我們能否克服物理和化學性質極限所衍生的問題，和能否成功的開發出新簡易且經濟的大量生產技術才能決定。

當材料結構小到奈米尺寸時，材料中的原子大部分成為表面原子，這種材料結構的表面物理和化學性質會變得更加顯著，固體表面原子的熱與化學穩定性比裡面的原子要差得多，也因如此表面原子才有觸媒作用，但是從奈米結構的耐用性來考量，這種性質卻是十分棘手的問題，首先需要解決的是找到有高度熱與化學穩定性的新材料。另外小結構中的電子會呈現顯著的量子效應，量子點會像原子或分子有分明的能階；量子線會有電導量子化現象，也就是說導線電阻的觀念已經不再適用；奈米大小表面會有電子波侷限和干涉現象；絕緣層薄到奈米級時，其絕緣性質也會因電子穿遂現象而消失；超微小結構的電容量非常的小，一個電子進去就會改變它的電位；其他磁性、物化性質也和大型材料結構全然不同。其實我們對上述這些現象仍欠缺瞭解，現在急迫而嚴重的問題是，我們所用材料結構尺寸已經縮小到器件所利用物理原理即將失效的階段，科學家預測這些物理原理的適用性再撐不過十年，也就是說如果我們想要利用小材料結構，我們不只需要找出更好的材料和更簡便的生產方法，也同時必須知道它的新物理和化學性質，想出新運用的原理，但預料這些都是只要投資經費研發就能解決的問題。

奈米科技不但可以應用在尖端材料和光電工業上，在生物和醫學上一樣有用。有一天當我們已能區分出健康和患病者間ＤＮＡ基因內碼秩序差異時，也許可利用奈米科學知識來加以修正。生物晶片因為結構微小其偵測靈敏度特別高，只需要極少量分子就能檢驗出病因或偵測到毒物。現在生理檢查避免不了驗血、驗尿、驗一大堆東西，有些檢驗還得等好幾天的細菌培養，生物晶片一旦發展成功，小小一片從分子生物學出發，一次可做多種檢驗，且不到幾分鐘或幾秒鐘便能全部完成。當然製造小醫療器件，把它注入體內做長期醫療工作或釋出藥物也是發展方向之一，器件小對器官的干擾會大幅減低。另外在基礎生物醫學方面，生物分子如何作用也可用奈米技術做細緻的分析藉以瞭解其作用機制。科學家已經可以利用奈米技術量測單一分子的光譜和鍵結強度，也可切割或連結某一特定的分子鍵，也能利用各種顯微鏡和數值模擬來觀察和瞭解一個分子馬達如何旋轉，一個蛋白分子如何鬆縮等現象。其實生物乃是高效率奈米機器的高密度高效能的組合，我們想發展奈米科技的一個好途徑是瞭解生物奈米器官如何作用，並學習如何來應用或仿效生物分子。

器件縮小除了重量減輕方便攜帶，看來也時尚外，還有什麼其他好處呢？好處實在太多了，首先它所用材料少，所用來製造和運轉的能量小，它的效用、靈敏度、活性度，和作用密度都會大幅提高。電子原件運轉速度高，生醫器件功能多而體積小，所需電壓低，安全而可靠。因為有上述等等優點，在地球有限資源的有效運用和環境的保護上都比大器件有利。想一想追求健康的身心和舒適的生活乃是人的天性，現在地球上只有不到百分之二十的人口的生活程度足夠享受高科技成果，如果有一天其餘的人口，其經濟也進步到能夠享受高度生活水準時，我們不趕快把一切器件用品縮小，世界還有足夠的資源嗎？現在環境的破壞已夠大家擔心，將來更是束手無策，所以奈米科技也是人類永續發展的最好策略。

奈米科技和一般科技不太一樣的地方是科學和技術已經匯合在一起，無法分辨。現在我們對奈米尺寸材料結構的物化性質瞭解仍然有限，要研究它們我們必須先尋找奈米材料，發展新儀器來量測研究這些材料新物化性質，並想出新運用原理，也開發出新製造技術。在建造尖端量測與觀察顯微儀的經驗，會直接幫助奈米原件生產技術的開發。

台灣在生產次微米半導體原件和材料方面累積有世界級經驗，只要有健全的基礎奈米科學研究作後盾，我們無需從頭開始，在奈米科技產品的開發上比其他國家更具優勢，奈米科技的發展將會把台灣半導體工業從代工升級到領先地位，也會把它的景氣重新振作起來。奈米科學的研究不只是新知識的追求和探討，其高級研發人才的訓練，也會對國家的振興經濟和產業升級做出重要貢獻。

（原文刊載於二〇〇一年五月九日中時論壇）

小就是美，也是人類永續發展的策略

我們即將進入二十一世紀（二〇〇一年開始）之際，在科技上有不少革命性的發展。一般人常聽到的是分子生物學和基因學方面的進步，不久的將來，人的基因體次序就會被全部鑑定出來，疾病便可從基因體次序中的缺陷著手做預防性或後續性的治療。在能源方面，現在的火力和核子超大型發電廠，將逐漸被多元化的單獨小型能源所取代，舉凡日光能、風能、地熱能，不同燃料的小型發電機都可能混合起來使用。這些預測天天可在通俗科學雜誌上看到，有時科學雜誌也會報導一些發現和突破，但什麼時候會大規模落實還很難預料。倒是「小」的革命不只不再是猜測，而是二、三十年來一直在寧靜中進行，現在正在加快腳步，我們也天天都可看到，可感覺到的一種科技和產業的革命，那就是電子元件和產品與許多高科技產品都在縮小尺寸的革命，可簡稱之為「小就是美」的革命。

我們現在所用的電子產品中元件結構有多小呢？電晶體和連結尺寸都已縮小到0.25微米（百萬分之一米）以下，也就是說光學顯微鏡已經無法看清楚，而在電腦中央數據處理器Pentium II、III、IV裡面就有一千四百萬個至四千兩百萬個如此小的電晶體。台灣不少矽晶圓公司已經成功發展出0.13微米大小的原件，科學家認為光刻法極限將在0.04微米以下，用電子或離子束刻畫術還可達到 0.001 微米級大小，或達到奈米（十億分之一米）級大小。利用掃瞄隧道顯微鏡可再減小約一數量級，科學家已經能有控制的搬移單原子，所以原件尺寸勢將隨著時間縮小，到底會小到哪一程度，就要看我們能否克服一些物理和化學性質極限所帶來的問題才能決定的了。

當材料結構小到奈米尺寸時，材料中的原子大部分都成為表面原子，也就是說這種結構的表面物理和化學性質會變得更加重要。固體表面原子的熱穩定性比裡面的原子要差得多，化學穩定性更差，也因此表面原子才會有觸媒作用，但是從奈米結構的耐用性來考量，這些卻都是相當棘手的問題，首先需要解決的是找到有高度熱和化學穩定性的新材料。另外小結構中的電子會呈現更顯著的量子效應，量子點會像原子那樣有分明的能階，量子線會有電導量子化現象，其他磁性物性也會和大型材料結構有顯著的不同。今天材料結構尺寸已經縮小到器件所利用物理原理即將失效的階段，科學家預測再不到十年，現在電子器件所用的物理原理就會失效，也就是說如果我們要能好好利用小結構材料，我們不只需要找出有效的製造方法，也必須研究瞭解它的新物理和化學性質，但預料這些都是只要投資經費研究發展就能解決的問題。

器件變小除了重量減輕容易攜帶，看來也時尚外，還有什麼其他好處嗎？好處實在太多了，首先它所用材料少，所用來製造和運轉的能量小，它的效用、靈敏度、活性度、和作用密度都會大幅增高，電子元件運轉速度高，也比較可靠。因為以上種種優點，對地球有限的資源有效運用和環境的保護上都比大器件有利，想一想，現在地球上只有不到百分之二十的人口的生活程度足夠來享受高科技成果，如果有一天大陸、印度和南美的人也都要享受同樣的生活水準，不趕快把一切用品縮小，世界會有足夠的資源可用嗎？現在環境的破壞已夠大家擔心，將來更要束手無策。「小就是美」不應該只限於科技產品，人性也需適應於這種觀念的改變，人類與生俱來的本性崇拜大、高和強，所以高樓大廈、高山大海和浩大宇宙都是大家所仰望的，即使是人也要用偉大的領袖、大將軍或大丈夫來顯示威望和才能。反之我們賤視小與弱，所以輕視小人與女人，用弱少、小卒、小兵、矮小等等描述無能和低賤。其實那種觀念不只不公平而且錯得離譜，我們都知道柔性往往勝過剛強，女人不只壽命比男人長約十年，遇到災難時也更有耐力和忍性，更能應付逆運。

人類永續發展的策略不妨從地球演變的經驗來思考，凡是消耗資源太多者必先絕亡，恐龍早就絕跡，只留下化石用來警惕世人，鯨魚若不是聯合國推動保護策施，也許早已經滅亡。我們為了人類的永續發展，必須改變觀念和習俗，要如何節省自然資源又不減低效益和享受才是重點。簡單的說與其濫吃濫喝再花錢來瘦身，不如享受精而美的食物，不管吃什麼或用什麼，都在色、香、味、聽和觸覺上用功夫。也要重視精神生活，像藝術、文學或音樂，這些性靈的享受所用的自然資源很少，但生活品質卻可大大的提高。另一個方向是以地球豐富的資源取代稀有資源，地球上豐富的資源如砂和木材等，砂以不同形式呈現在我們的生活用品中，玻璃和陶瓷是顯而易見的用品，電子工業的矽晶體也是由砂提煉出來的，有人花九牛二虎之力試圖發展在電子原件中，以砷化鉀來替代矽片的新技術，但鉀的儲存量非常有限，一旦技術發展成功全面替代，不到一、二十年地球上的所有鉀就會被用光，如此，這稀有材料一點都不節省，都不留給子孫怎麼可以呢。現在我們用很多石化產品，汽油塑膠和不少西藥便是，幾十年後恐怕就再也找不到石油了，如果我們能多用可再生的酒精、木材、玻璃和陶瓷，留下一些石油給子孫們製造藥品，他們一定會感謝我們的。當然所有產品都要做得耐用，並需強調資源回收和重新利用的重要，這樣也可以減少自然資源的浪費。

二十世紀科技發展得太快，人類習俗、思維和道德觀念往往來不及調適，而且我們在商人的慫恿下，競相享受科技成果而忽略了考慮浪費可能帶來的後果，到後來衍生出資源浪費和環境破壞等問題，很不幸的一般人也把這些弊端全歸罪於科學家。要知道解決這些問題最後還不是得依靠科學知識，而科學知識正是我們這一代所能留給子孫們用來解決他們問題的最寶貴遺產。

（原文刊載於二〇〇一年自由廣場）

迷信慣了的台灣人

農曆七月鬼節又到了，雖然不是每個人都相信怪力亂神，但我走過不少國家，台灣算是我看到最迷信的地方，我們的社會亂象有一部分根源於民眾太過於迷信。

台灣可能是因為專業人士喜歡穿藍、綠色彩太過於鮮明的服裝，民眾不知相信誰，反而寧願迷信於上蒼、光環、高位、權力和花言巧語。除了鬼怪，台灣人更喜好造神，上有繁多雜亂的神明，如土地公、地莊王、天公、媽祖、觀音、關公等，下還有不少仙人和神棍，如算命仙、風水仙、乩童和宋神力等。他們無所不在，無所不有，大概是環境使然，要不然就是為了裝作平易近人和尊重民俗，連受過高等教育者也相信這一套。

一般人路旁撿個類似神像，它便被膜拜為法力無邊的神明，而物件被汗濕沾在身上，便以為已經練成磁吸神功。神像有大有小，有木刻或石雕，有泥土塑造的，有金身或色彩鮮豔的，有舊有新，各式各樣，算不完也數不清，就像個多元化的民主社會。神棍也有各式各樣，一樣的多元化，他們小則能夠混口飯吃，中則足以斂財騙色，大則擁有成群的信徒和香客，坐有豪華轎車，居有豪華住宅。

造神也不限於拜拜的神像和祈求的神棍，在政治、企業和學術界同樣到處有大家盲目崇拜的神祇。什麼經營之神、管理之神、高科技之神，即使不冊封神位，也少不了頭頂冠上光環，而且「神物」可來自國內外。政治上泛藍人士信仰多神教，除了已經升天的，主宰過人民生殺大權的蔣氏諸神，和一中屋頂下的大中華意識保護神，宋、馬、連、立、強等外，對岸神州還有更純正、更眾多和更高層次的大中國「神物」。泛綠人士信仰較為單純專注，只信仰李扁雙台灣本土守護神。而學術界多少受過西方思維的影響信仰一神教，把全部榮耀歸於頭上頂著的國際光環，可當人民道德典範的國師。人間和天上神明並無兩樣，神通廣大，法力無邊，無所不懂，無所不管。可憐的神明，神在天國身不由己，不想管大概也逃不掉，眾生非要他管不成。

神明的光芒是炫目而刺眼的，敬而遠之，他們或許會照亮行徑，指點康莊大道，過於靠近反而會使人頭暈目眩，失去自我而迷失方向，小心，人體是很容易被神光灼傷的。即使是神明，他們照樣有相互模仿的群體習性，台灣眾神很少懂得謙虛和反省，還善於推卸責任，成功了功勞是他們的，失敗了責任自然是別人的。神奇的是就是如此，除了少數無神論者外，芸芸眾生包括受過高等教育者一樣盲目的崇拜他們，信仰他們。

七月鬼節很快就會過去，陰間的「好兄好弟」只需撒些冥紙就能相安無事，如何對待和我們生活在一起的眾神，才是大家應該思考的問題。

（原文刊載於二〇〇三年八月二日自由廣場）

把政治和宗教狂熱轉變為科學熱誠

上星期，象徵國內科學研究最高榮譽的「第一屆總統科學獎」由陳總統親自頒獎，得獎者代表的是國內科學研究的最高成就，除了學術界領袖中研院李院長和不少資深學者專家出席外，更有很多政經界超量級人物蒞臨，為典禮增光不少。這次頒獎典禮是國內學術界從未見過的隆重禮儀，總統獎的頒發堪稱是近年來國內學術界最大盛事，國內科學界應該感到欣慰。我們希望今後總統獎不會因為財政的困難或政黨的輪替而中斷，這次唯一的遺憾是民眾和媒體的反應遠不如預期來得熱烈。

今年總統獎獎金由國內企業界龍頭聯華電子等公司贊助，曹興誠董事長在頒獎典禮的致詞，雖然簡短意義卻非常重大，值得大家深思。他主要說依據他的觀察，世界上科學發達的國家，他們的經濟、工業技術和人民生活水準也領先各國，反觀那些對宗教和政治過分狂熱的國家，他們的經濟發展也遠遠落後先進國家，人民也最為貧窮，也就是說經濟發展和科學熱誠成正比，而和宗教與政治的狂熱成反比。他強調因為台灣民眾對政治和宗教的狂熱已經足夠，對科學研究的熱誠則遠遠不足，所以聯華以後不再贊助政治或宗教活動，會把這些寶貴的資源善用來資助科學研究和學術活動。

如果我們睜開眼睛看一下世界各國現況，除了少數國家如以色列對科學、政治和宗教都一樣的狂熱，國家也富裕而強壯外，曹興誠的觀察是正確的，也不難理解。一般說來貧窮的國家，人民為了生存會競相爭奪權益，對政治也自然狂熱，不幸的是這種政治很容易流於腐敗，人民生活只會更加困苦。還有教育水準低落的國家，人民只知求安於鬼神，對宗教變得狂熱，有時宗教也成為奪取政治權益最有效的工具。

台灣和以色列的處境很相像，所以值得我們對兩國的異同做些比較。兩國人民生活和教育水準都不低，以色列被反對她主權的阿拉伯國家所包圍，台灣則籠罩在不承認台灣主權的中共強權威脅下，兩個國家人民沒有一天真正生活在安寧中，人民對政治也就變得狂熱。不同的是，以色列人民雖然在處理國家安全和巴勒斯坦的問題上有很大的歧見，但對國家的認同卻是全民團結一致的。反觀台灣人民，他們在國家認同上患有嚴重的人格分裂症，也因此公眾媒體最喜歡渲染統獨之爭，最賣座的節目全是政治口水秀，這種秀如雨後春筍應台灣民眾好鬥的習性而生，主持人的年收入個個以千萬計，很可惜這些秀的主持人，不但不幫助民眾從舊思維枷鎖解脫，以達到國家認同的共識，反而故意挑撥離間，用以提高收視率，這些秀不正是今天我們國家社會的最大亂源嗎？

猶太人歷經不同教派如基督教和伊斯蘭教的長期迫害，對自己的宗教信仰滋生強烈的共同意識，他們才終能排除萬難建立了猶太教國家。台灣民眾狂熱於宗教活動，但對宗教信仰卻缺乏真誠，只迷信於鬼神，宗教往往成為少數宗教人物擴充影響力和權力的舞台，也成為多數政客用來爭取選票和不法份子用來斂財的工具。在台灣選舉一個縣長或立法委員，費用動輒千百萬或上億，選舉造勢動員動輒數千人，這種狂熱既勞民又傷財。國內到處是善男信女和宏偉的寺廟，宗教人物良莠不齊，宗教的悲憫情懷往往被扭曲成私利的祈求，真正的宗教家在民眾心靈的淨化和社會的慈善工作上，不辭勞苦的奉獻心力，但社會上同時也充斥著利用迷信斂財騙色的神棍。民眾每年不知浪費多少錢財和精神在祭拜與迎奉神祇和鬼魂上。不管是民眾對政治或宗教的狂熱，花費了這麼大的財力和勞力，不但沒有帶給他們福祉、幸運和安心，反而敗壞了民俗民心，並破壞了生態環境。

另外，以色列和台灣非常不同的地方是，他們對科學和學術研究的熱誠，猶太科學家不僅在以色列，也分佈在西方世界各個角落，近代史上他們在學術上的成就沒有任何其他民族可以比擬，像弗洛伊德和愛因斯坦的名字，即使是我們的國小學生都會學到。以國和以裔科學家的豐碩成果，一方面對以國的經濟發展和國防有重大貢獻，一方面也影響了世界強國如美國和歐洲等先進國家，對以色列人民的尊重和對以國政府甚至於有些偏頗的強烈支持。反觀台灣，在政治沈淪為惡鬥和宗教淪落為迷信時，民眾漠視科學，對科學研究的重要性缺乏認知，年輕人對科學和學術研究也普遍欠缺熱誠。既然對政治和宗教的扭曲和過分的狂熱，只會敗壞民俗和民性，及敗壞國家的經建和安全，我們為何不把這些資源善用在真正能提升國家經濟和人民生活的科學研究上，如果有一天，台灣的科學研究能在世界嶄露頭角，國際社會或許會對台灣另眼相看也未可知。

從政者和知識份子如能以智慧，引導全民把他們對政治和宗教的狂熱，轉變為對科學研究的熱誠，則人民幸甚，國家幸甚。

（原文刊載於二〇〇一年十月十九日自由廣場）

我們追求學術卓越的根本問題

每個社會都需要多元化的人才，只要社會中每份子都能發揮長才，社會便會進步。地狹人稠的台灣，要加速人民生活品質的改善，最佳策略是創造「智慧社會」和「智慧經濟」。訓練大量具有分析、思考、判斷和創新能力的人才，追求卓越的學術和科學研究，累積智慧資產以升級品德和產業，才有希望達成這目標。

台灣為了促進科學研究和提升學術水準，十多年來邀請了不少國外著名資深學者回國服務。這些年來我們每年發表論文數目已經大幅增加，發表雜誌的衝擊係數和論文被引用次數也愈來愈高，但令人失望的是我們在國際學術排行榜，反而有逐年下滑的趨勢。到底出了什麼差錯？學者為此爭論不休，各種未經審慎思考的應急策施，如追求學術卓越國家型研究計畫和大學整合計畫，相繼出爐。但是只要我們沒有先找出真正落後的因由，並徹底改變我們對學術研究所抱持的態度，則不管怎麼做都只會浪費精力和資源，我們都沒有達到世界一流的一天。

我們在國際學術排行榜滑落的原因是外國進步得更快，使我們的研究工作看來相對的遲滯不前，該問的是為什麼我們的進步比外國緩慢？我認為因素很多，首先政府在學術研究的投資，其成長既不穩定也嫌不足，對年輕人投入研究行業和研究人員專心於研究缺乏吸引力和鼓勵作用。再來社會和媒體的「官大學問大」、「位高智慧高」的錯誤觀念，引誘傑出學者熱中於行政工作，忽略了更重要的提攜年輕學子和當他們「研究學者」榜樣的責任，年輕學子沒有機會認識真正專心於研究的學者，反而以不再活躍於研究的學者做榜樣。這些多少會阻礙學術進步，但我們最根本的問題出在於學者薪資結構缺乏彈性，和學者無法擺脫舊文化思維的束縛。

在我們社會裡，學者扮演的是「清高」的角色，學者應該不齒於名利。其實追求舒適的生活，安居樂業是多數人的人生目標，況且他們對家庭也有份責任，只要手段公正，得到名利有何不齒。在我們社會裡，學者必須承受比其他行業更高的道德標準，不知多少有興趣也有能力於學術研究的年輕人，因而選擇了收入豐富的醫生、律師、專業經理和工程師等為職業。我們要吸引第一流人才投入學術研究，不能捨本逐末的只靠宣導和鼓勵，有彈性和競爭力的薪資結構才是吸引年輕人的良方。

另外，孔孟教導的是中規中矩的文化，是嚴守倫理的社會，個人對權威的挑戰被視為是不尊道德的行為，社會民眾遂缺乏冒險精神，不僅如此，思維獨特的人往往會遭受到社會有形和無形的壓力，這種文化觀念和追求學術卓越背道而馳。我們的知識份子，不管講話或文章都會引經據典，也喜歡引用名人古人的名言來證明自己觀點的正確。試想和名人古人的觀點大同小異，那他自己又有何創新？更荒謬的是引用的多寡和好壞，往往成為一個人有沒有學問的唯一指標。過分浸淫於歷史文化和豐富的學識，缺乏對原創性和創意的欣賞和尊重，正是阻礙學術卓越的主因。

西方學者一樣會引經據典，但目的不同，他們為的是對過去學者權益的尊重，一方面也要表明自己的成果和那些人有所不同，意在於證明自己沒有抄襲和強調自己的創新。在西方社會裡，有創新的論文和著作才有價值，把歷史名人的論點重新排列組合，做點小推論，可不是一個有大志的學者會做的事，這種人更不會被認為是傑出學者。

一九〇五年，當愛因斯坦達到二十六歲，剛拿到博士學位不久，在一年內發表了影響二十世紀物理至鉅的，性質截然不同的三篇理論論文，而他所用的數學卻淺顯得不超過我們高中生的數學程度。從這個例子我們不難知道，科研最重要的是創造新觀念，豐碩的學識其實還是次要的，這點完全與我們傳統觀念不同。如果我們不把已經「習以為常」的錯誤觀念徹底改掉，不管我們如何的努力，也只能在平凡中打轉。

我們還有一個與追求卓越相違背的性格，那就是盲目的崇拜權威，沒有膽量挑戰或超越他們。我們應該尊重或甚至於尊崇權威，但崇拜大可不必，更重要的是我們要立志超越他們。能不能做到是另一回事，但是如果連這種勇氣都沒有，那我們還是省下時間和資源，心甘情願的當個老二。

我們要訓練的是胸懷大志，有冒險精神，有自信，勇於挑戰並超越自己和權威的，能夠發揮自己潛力極限的科學家。

（原文刊載於二〇〇二年六月十八日自由廣場，Translated into English by Taipei Times）

多元化入學有那麼可怕嗎？

前幾天一位國二學生對多元入學制度的顧慮，竟然能使得經過教育專家和學生家長們長久討論的教育改革方案突然受到質疑，連這位學生也驚奇的說「沒想到一個國中生有這麼大的力量？」而有讀者也呼應說她只是吶喊出集體的痛苦而已。

這位國中生態度之嚴謹令人欽佩，在她寫出對多元升學制度的顧慮之前，她很客觀的徵詢並統計好同學們的意見。如果每位國中生都像這位同學這麼聰明，那我國前途無量，大家也不必再費心談教改，但如果我們看看社會的亂象，我想大家都會同意我們的教育制度的確出了大問題，真的需要徹底改革一番。

在此我倒要問一問「多元入學有那麼可怕嗎？」。我常聽到美國友人說他們一生最快樂的時光就是中學生時代，請問我們國人有多少人會這麼說呢？而這正反映出多元和聯考入學制度的不同，美國學校採用的是多元入學制度，而我們採用的是聯考入學制度。在台灣學生為了準備聯考，每天下課後晚上又消耗在補習班裡，不知多少年輕人把他們的青春快樂時光犧牲掉了。一個國二學生，就算多聰明，態度多嚴謹，她的見識和經驗到底有限，她的意見固然值得大家再從學生的角度來思考改進，但不至於要把專家經過幾年一再討論的多元化入學制度推翻。

首先想想學校教育的主要目的是什麼，是不是只在於從老師那裡學習到生活技能和處事做人的道理，當然不是。學校也提供了一個大環境使年輕人能相互認識，相互切磋，在互相尊重和競爭下相互學習生活技能和做人處事的態度。另外學校還有一項時常被人忽略的重要任務，那就是給學生一個機會和環境發覺自己的天資所在，並有機會發揮他們的長才，當然學校也負有替國家社會篩選和教育才能不同的人的責任。多元入學制度除了測試活用一般知識的能力外，就是要使學生在校中有充分發揮他們特有才能的機會，並在入學時考慮到每個人特有的才能。聯考制度就是在最理想的情況下，也只訓練和篩選出通才和擅長於考試的人才，也就是說對記憶力好的通才最為有利，其他方面的天資就不容易受到重視了。

多數學生和家長反對多元入學的理由是他們寧願子女辛苦幾個月一考定江山，也不願意國中或高中三年期間天天擔心考試為考試而忙，阻礙身心的正常發展。請問在我們一生中有什麼事是一考定江山的，為什麼我們教育年輕一代時就要用這種錯誤的觀念？有人認為只要多設高中就可以抒解大家的疑慮，這種做法根本就沒對症下藥，多設高中會使教育更加普及，是社會必需走的方向，但是絕對沒法減輕學生壓力。學生壓力來自於家長朋友們過分的期盼，他們個個希望子女能擠入所謂的明星學校，而不是欠缺入學的學校。那麼是否完全去除學而優則士的士大夫觀念，就能解決升學壓力，其實社會之所以能進步，主要貢獻來自於做事態度積極進取的人，這些人不管做什麼事都想比其他人做得更好，他們更會動用自己的腦筋，也更富創造力，而教育的目的正是要培育這種做事積極的人才，所以在能互相尊重下的競爭不只不必加以壓制，也許還可加以鼓勵。

多元入學主要的好處在於能及早發現和培養學生多元化的興趣和才能，而聯考主要的流弊在於只獎勵會考試的學生。多元入學目的不是為了減少學生的用功和努力，而是在於使學生能往自己有興趣和有天分的方向用功和努力。自己有興趣的工作就是再多花點時間也是心甘情願的壓力，就像運動競賽一樣，學生之間的競爭是一種挑戰，對很多學生而言不但不是壓力，反而是一種樂趣，也是國家社會進步和國際競爭力提升的源泉。學生無法忍受的壓力來自於只是為了滿足親戚朋友的期望做自己毫無興趣的工作，若是做自己有興趣的工作，那怕是艱深的數學或物理，或是艱苦的馬拉松和十項運動，學生們都會甘之如飴。

多元化入學制度只要設計得當一點都不可怕，大家之所以害怕的主要原因在於對新制度欠缺瞭解，聯考制度已經施行了四、五十年，一般人怎敢輕易放棄，而由一個毫無瞭解的新制度來取代。重要的是教育部和學校加強宣導，並採取漸進方式逐步廢除聯考制度，而家長們也可以開始學會開放心胸，尊重兒女的興趣和意願，不再強逼他們專攻利多的行業，其實在我們多元化的社會裡只要做得好，行行都能出狀元。

（原文刊載於二〇〇〇年自由廣場，
Translated into English by Taipei Time）

莫錯失建立兩黨政治的良機

選舉剛過，泛綠軍大勝，泛藍軍有得有失，勝敗原因很多，報紙上已經有不少精闢的分析，我個人認為最主要是因台灣人民已經慢慢從五十幾年來，舊政府的教化和中共不斷的打壓威嚇中覺醒，台灣主體意識逐漸成為主流民意所致。

另國民黨失敗的原因是連戰主席無法擺脫總統落選的陰霾，把過錯推給別人，也因過分急於報一箭之仇，不得不尋求黨內非主流派的擁護，而黨內主流派屈服於主席的眼神和同儕壓力，沒有多少人有勇氣站出來講真話，少數講真話的人也難逃被整肅的命運，整個黨被幾個聲音特別響亮的非主流所掌控，不幸的是不知有多少非主流暗中支持親民黨。

親民黨成功的原因是主席眼光明亮，有韓信之謀，為了選票能屈能伸，挖票策略不正派卻發揮了最大功效。這次選戰，泛藍軍嚴重的受到兩年後總統選戰謀略的左右，整合難上加難，國民黨失去主導性，招致落敗。新黨急速泡沫化則是因為被親民黨大量挖票，和民眾已經厭惡，不想再看或聽到新黨中少數中共政權的傳聲筒，其他人遭了池魚之殃，他黨不能不以此為戒。

泛綠軍雖勝，卻欠缺決定性的力量，在泛綠軍到處歡欣鼓舞之際，莫忘了只要泛藍軍團結，他們仍有主導國會的力量。這次儘管阿扁以穩定國會作為訴求超強演出，民進黨靠著成功配票終能贏得八十七席，李前總統也賣命相挺，台聯才能獲得十三席和百分之八選票，但加起來離國會絕對多數尚遠。選舉中綠軍損失也不小，國民黨中本土意識濃厚的候選人多人落選，增加了選後籌組國安聯盟的困難。當然親民黨和國民黨的合作將卡在兩個主席的總統夢上，成功機會微乎其微，但只要國民黨使出同儕壓力或黨紀處分的利器，那些國民黨本土派也沒有自由伸展的空間。

群策會的成立多少會勸導立委們以國家利益為重，惟選前在輿論和民意的壓力下，立法院照樣亂成一團。不幸的是每次當選名單中，總有不少人是靠政治亂象來壯大自己的，他們唯恐天下不亂，國會越亂他們的知名度也越高。

現在台灣最需要的是穩定的兩黨政治，趁選舉剛完，政黨正在重新洗牌，大家也仍在考慮如何出牌時，如果所有當選委員都能以自己和國家的前途著想，泛綠與泛藍選邊站，大刀闊斧的組織兩大政黨，實施兩黨政治，這才是解決台灣政局亂象的一勞永逸之策，也才是台灣全體人民之福。

李前總統對台灣的貢獻已夠宏偉，他年紀也大了，雖然健康佳，我們還是不忍心再請他出來為推動兩黨政治奔波勞累。假使他願意出面，以他和阿扁總統的威望促使泛綠軍團結，組織泛綠黨（台灣主體），泛藍軍必然會被逼迫團結成泛藍黨（中華主體）以為制衡，兩黨政治水到渠成。台灣民主政治趨於穩定，經濟潛力才能更加發揮，則不管是民主政治的推動或經濟的成長，李前總統的貢獻都將更為長久，他的歷史地位更加鞏固而崇高。

首先是所有政治人物得先培養出廣闊的心胸，以便接納和歡迎理念相同的新同志，再來政府該配合的工作是國民黨黨產的處理，這龐大的黨產得之不義，應依法歸還全民作為國家選舉基金，解決了黨產同時也會去除國民黨本土派內心中的猶豫。

兩黨政治的好處是，除了政局容易穩定外，民眾很容易看清楚兩政黨不同的政治理念和政策主張，選民不易被候選人的甜言蜜語所迷惑，政治人物的權利與義務分明，責任政治上軌道，民主政治才算真正的落實。

（原文刊載於二〇〇一年十二月五日自由廣場）

尋找能源

在這台灣百分之九十八能源依賴進口，國際孤立的台灣處於列強爭奪資源衝突和政經紛爭的不穩定平衡態下，不確定的能源供應是我們永續發展最大的隱憂……

去年底，《自然》雜誌以「碳氫化合物與人類文明」為題，強調人類文明可以看為持續的新能源發掘與其衍生生產技術的開發。幾千年來人類慣用的能源，大多是地球表面上很容易取得的碳氫化合物，如木材、獸糞與天然氣，以及由食物（也是碳氫化合物）轉換而來的人力、獸力、水及風力，這些都是可再生能源。

約三百年前蒸氣機的誕生引發了產業革命，之後內燃引擎和電力相繼發明。這些動力的使用大幅改善了人類的生活，但也使我們的能量使用大增，促使人類大量開採蘊藏地底下的非再生能源：煤炭與石化燃料。

統計數字顯示產業革命以來，世界碳氫燃料的使用率增加了八百倍。即使是二十世紀，當大家已經發覺節約能源的重要時，使用率仍然增加了十二倍。這個趨勢本應因科技的進步和能量使用效率的提升而降低，但隨著未開發國家人民生活程度改善的能源需要，能源使用卻在穩定的成長。

以石油為例，現在全世界日產八千萬桶，預計二十年後得日產一億桶才足以供應需求。以各方估計的兩兆多桶全球蘊藏量來估計，再不到四十年地球上的石油就將用竭，也就是說今後爭奪石化能源所需付出的政經代價將會與日俱增。

石化燃料的大量使用無可諱言大幅改進了人類的生活，改變了我們的習性、增進了我們的健康、延長了我們的壽命，卻也同時製造出人口膨脹與許多社會問題。國際紛爭和動亂主因也在於資源，尤其是石化燃料的爭奪。而且石化燃料的大量使用，除了污染居住環境外，也破壞了全球生態的平衡。

儘管確實原因仍稍有爭議，額外熱能的釋出加上其所排放的二氧化碳和其他污染氣體，阻礙地面輻射熱的散失，造成不可逆轉的溫室效應與地面暖化現象。另外柴油引擎和燃燒油、木材與獸糞所排放的煙灰也會污染雪地；地球暖化造成雪地與冰山面積的減少，又增加了地面陽光的吸收率，更加速了地球溫度的升高。

這些正是全球夏天一年比一年熱的原因。去年夏天法國熱死了近萬人，及台灣溫度破紀錄高達三十八點七度的原因，也與此有關。專家預估只要地球溫度上升二至三度，人類的生存就會受到嚴重威脅；最近國際研究團隊計算機模擬甚至預測，五十年內地球上百分之二十五生物可能會因此滅絕。

不幸的是除非我們降低對石化燃料的需求，在我們用盡石油之前，地球溫度很可能會上升二至三度！當然這並不意味著人類必須退回古代的生活方式，但積極尋找和研發乾淨的再生能源，確應是當務之急。本文就簡單地探討兩種主要能源的優劣。

核能：

少數核能專家預測融核反應不會製造大量輻射廢棄物，令我憂慮的是這預測並不可靠！

一提起核能大家談虎色變，因為它很容易讓人聯想到核子彈和車諾堡核能廠意外。其實經過數十年的改良，核能電廠的安全非常可靠。傳統核能來自鈾二三五核子被熱中子撞擊分裂的連鎖反應，核分裂作用製造出幾千年輻射也無法消失的廢棄物，至今仍無一勞永逸的處理方法，而鈾礦蘊藏量也很有限。但第四代滋生式核子反應爐能自造反應爐所需燃料，輻射廢棄物也會減少。

融合輕核子如氘和氚核子同樣會釋出大量能量，這是太陽和星球能量的來源。可惜地球表面缺乏太陽或星球具有之物理條件。儘管二、三十年來先進國家已經投資龐大經費研發，至今卻仍無法維持穩定的融核反應。核能專家早已提出十年五、六十億美元的國際（歐、日、蘇、加、中、南韓、美）融核實驗站（ITER）建造計畫，惟經費過於龐大，雖已協商十多年，至今還無法啟動，預計最快得等三十年才可能開發出有實用價值的融核發電技術。

少數核能專家預測融核反應不會製造大量輻射廢棄物，令我憂慮的是這預測並不可靠。筆者認為已建置的核電廠用做應急所需能源有其必要，至於研發則可以透過國際合作進行。

> 奈米科技不管在分解水成為氫氣和氧氣，或是氫氣的儲存和運輸，都將扮演重要角色。

太陽能：

太陽能是地球萬物賴以滋長的能量，它取之不盡用之不竭。它的形態多樣化，地球上大多能量來自或轉換自太陽能。即使石化燃料也是古代陽光下成長的動植物，經由地殼變動幾億年在地底高溫與高壓的作用下轉變而成。這裡我想談的是循環週期短、不會造成地球表面環境的失衡、可再生的太陽能。

太陽能可藉由直接照射加熱水或室內空氣，利用半導體或有機薄膜太陽電池來發電，也可利用氧化物奈米顆粒的觸媒作用，促進陽光分解水成為氫氣和氧氣。氫氣可直接用做引擎燃料或透過氫氣電池發電，太陽熱造成的風和海流也能加以利用發電。

當然光合作用成長的植物可用來直接燃燒或釀造甲醇用在引擎上，或透過氫氣電池發電。重點在於，使用燃料時地球生態平衡不被破壞，綠色能源雖然也會排放二氧化碳和熱量，但這些氣體很快又會被植物吸收為成長的養分，且大氣中的二氧化碳和熱能形成封閉的循環鏈，因而不會產生持久性的全球環境變遷。

反之，如果我們燃燒從地下或深海開採的燃料，不管是煤炭、石油、天然氣或甲烷，燃燒時排放出的額外熱能、二氧化碳和煙灰，都會破壞地球生態的平衡而產生地球表面暖化現象。

不管是太陽電池、氫氣經濟設備或風能發電，基本生產和運用技術都已存在，它們之所以還不能成為主流能源，原因在於缺乏經濟競爭力。投資研發高效率和低成本、且製造時少污染環境的技術將是成功關鍵。舉太陽電池為例，日本不管在研發或生產上都領先世界。多層膜技術發電效率已可達到百分之三十，但製造費用過於昂貴，仍缺實用價值。矽薄膜太陽電池效率在百分之十五左右，有機薄膜也接近百分之五。

以台灣半導體和薄膜製造技術的經驗加上奈米科技改進發電效率並減低生產成本，再開發出新製程以減低對環境的污染，則極具國際競爭力，為台灣開創出具經濟效益的新興產業的前景看好。氫氣經濟技術的研發和設備的建置，是現在歐美日最為積極的能源開發方向，奈米科技不管在分解水成為氫氣和氧氣，或是氫氣的儲存和運輸，都將扮演重要角色，台灣也應積極研發。

台灣百分之九十八能源依賴進口，國際孤立的台灣處於列強爭奪資源衝突和政經紛爭的不穩定平衡態下，不確定的能源供應是我們永續發展最大的隱憂，因此能源的研究與開發對台灣而言特別迫切而重要。

（原文發表於二〇〇四年二月一日中國時報科學與人文專刊）

大學追求卓越與學術評鑑

不少學界領袖和政府高級官員憂心，雖然政府近年來已經大量投資大學追求卓越，但是何時我們才能見到台灣有一所大學成為亞洲第一和世界一流，大多數人一致的答案是遙遙無期。與其無謂擔憂，我們不妨探討一所傑出的大學該具有何種特質，和如何才能提升台灣的大學教育與學術研究水準。

首先大學是創造與匯集和傳授與傳播高等知識的學府。大學除了教授、學生、研究和行政人員外，也提供教學與研究設備，同時也頒發各級學位。西方在公元前三、四百年時，柏拉圖和亞里斯多德的學術院就以創造學說和傳授高等知識為任務。中世紀發展成由多數獨立學院結合而成的大學，起先用來培養僧侶，後來轉為培育社會菁英。國人對牛津和劍橋大學最為熟習。以牛津為例，它是由三十五個各有其組織和活動的獨立學院所組成。

到了十七世紀，現代型綜合大學逐漸形成，美國哈佛和耶魯大學是早期代表。但即使是中世紀大學其組織也隨時間改變，現在除了獨立學院外，也有共同使用的系所與實驗室和博物館、美術館等。大學在一九六〇年代擴充成大學系統，加州大學便是典型例子。

大學系統包括多個獨自運作的校園和研究中心，前加州大學校長刻拉克科爾曾創新名詞Multiversity來彰顯它的規模和多元角色，但這名稱未被廣泛使用。儘管現在各類型大學並存，但只要大學行政組織能機動反應時代變遷需求，大學品質並不受影響。

大學的任務在學術研究上以創造新知識和觀念最為重要，在教育上傳授與傳播知識以啟發學生和群眾心智為主，需注重學生智能、創造力和獨立思考能力的培養，不過也不要忽略了學生謀生技能的訓練，總不能讓學生遭遇到畢業即失業的命運。大學是培育社會中堅和國家棟梁的學府，因此這些人需有深植的人文和公民素養，有是非判斷能力和高尚品德。大學也應該是國家的頭腦、智庫、書庫和櫥窗，同時也是社會的良心。

當然大學需要有完善的教學和研究設備，優質的校園以及適合自由思想、創作、創造和教學的環境。它是學生養成自我學習、終生學習和獨立思考的習性和能力的場所，也是同學和同儕相互觀摩、討論、學習、合作與公平競爭的空間。大學另一個任務是透過考試、論文研究和寫作來鼓勵學生發現自我，發覺自己天資和興趣之所在。同時透過這些程序鑑定學生能力並授予各級學位，因此兼有替國家社會鑑定和篩選人才的功能。

大學要卓越，學校每一份子都要盡忠職守，教授是大學任務的執行和推動者，也是學生的榜樣，所以是大學的靈魂。在教學方面他要有充裕的學識和教學熱誠，他不能以填鴨式教學來灌輸知識，而必須鼓勵學生自我學習與獨立思考。他關懷學生，以熱心和耐心公正的對待他們。大學對國家有深植優質公民的義務，教授必須具有公民素養以做學生榜樣。在研究方面，教授首先要有強烈的求真精神，和求知、創作與創造慾望。教授除了專業上可服務國家外，也可以智囊角色對國家發展提出高瞻遠矚的建言。既然他是社會的良心，他應該當社會弱勢團體的口舌，不宜奮力為國家社會裡已經佔有優勢的強勢團體爭取更多特權。

教授和大學接受稅金支助，為了自求進步，他們也有必要根據所負責任定期嚴格評鑑。當局者迷、旁觀者清，評鑑目的在於從客觀檢驗與建議和自我檢討下求改進。教授評鑑在教學方面可用自行評鑑、學生評鑑和校友評鑑進行。自我評鑑目的在由教授的自我省思探討教學有無缺失；學生評鑑會受到老師考試鬆緊和課程難易的影響，並不可靠只可供參考；校友評鑑其實最正確，好教授的教學內容可能比較艱難，一時不受歡迎，但是校友經過一段時間的歷練和消化後就會發現從哪一位老師受益最多，可惜現代社會人員變動頻繁，校友評鑑很難落實。

學術研究評鑑比教學評鑑容易做得公平客觀，學術當以原創著作和論文的品質、數量和影響力做為主要考量。個人的學術成就可從他國內外同儕的認知和學術地位看出，他必然會有不少學術研討會的邀請演講，也會受頒各種獎項與榮譽，少數成就非常卓越者還會自創學派或領域，但這些或多或少會受時代因素和「篷馬車效應（Bandwagon effect）」的影響。世界上沒有絕對公平的評鑑，評鑑主要是為了促使自我改進，或當作資源分配參考，教授如果對國家社會在專業服務和建言上有傑出貢獻，也該受到尊重。

大學評鑑以教授和研究人員陣容的強弱最為關鍵，多元而堅強的教研陣容是達成大學任務和發揮大學功能的保證，它可吸引有積極向上和多元天資的優秀學生。一個高效率的行政團隊是大學不可或缺的資產，好大學所需經費龐大，除了靠教研人員申請教學與研究經費外，也要建立有效機制讓有心於教育和學術研究的私人與私人團體捐獻。有了充裕的資源，校園的美化和教學與研究設備的購置所需資源便可迎刃而解。歷史悠久的大學的名聲也可從校友對學術、世界、國家和社會的貢獻看出來。雖然龐大投資可以迅速建立一所優秀大學，但大學的名聲需長時間建立，不是急功好利所能成就。一所傑出的大學一定有其自豪的校風，追求卓越，充滿活力、機動性、自信、理性，和容忍多元都是不能缺少的特質。

追求卓越不是單靠政府和私人團體大量投資便能造就，它也會受到我們文化和思維的影響。我們的根本問題在幾方面，首先我們傳統文化欠缺求真精神，喜歡呼應且不會質疑權威，也喜歡崇拜偶像和善於造神，不敢挑戰權威或自己，因而獨自思考與判斷能力非常薄弱。再來是學者誤認豐富的學識重於創新，因此學者喜歡引經據典以顯示自己「才華」。西方學者引用他人論文的目的在於給前人該有的權益，也在彰顯自己論文與他人不同處，亦即表現自己的創意。另外由於科舉制度遺毒，學者無法擺脫學而優則仕的志向，「官大學問大、位高智慧高」的錯誤觀念使年輕學子不以潛心研究的學者做榜樣，代代相傳，惡性循環。

台灣普遍的本位主義使得學術合作困難，不符合跨領域的將來研發趨勢。西方學者平時互相批評，但遇到可合作議題，強烈的求知慾總能戰勝個人成見進行合作。台灣學者平時和平相處甚少相互批評，但求知慾卻不足以吸引他們進行合作，因此傑出研究團隊的形成非常困難。另外我們的制度僵化，缺乏彈性和機動性，組織喪失活力、效率與競爭力。

分贓和平頭主義是阻礙我們突破的另一個原因，我國在高等教育和基礎研究的投資本來就遠遠趕不上先進國家，經過分贓後要在國際上競爭更加困難。要追求卓越我們得認清菁英才是真正帶領學術和國家社會進步的動力。我們社會一般要求學者扮演「清高」的角色，以致於學者薪資缺乏彈性和競爭力，難於羅致國際頂尖人才，對年輕人也缺乏強烈吸引力。否認資源的重要是緣木求魚的作法，「錢非萬能，但沒錢萬萬不能（money is not everything, but we cannot do anything without it）」，不過我們也必須同時擺脫落伍的傳統思維與觀念，和不良的習性與制度。唯有如此我們才有可能在可預見的將來，看到台灣的幾所大學達到國際一流水準。

（原文發表於二〇〇四年五月一日第十一屆張昭鼎紀念研討會）

附錄二

散文

克刻蘭採莓記

西雅圖西臨太平洋，東接華盛頓湖，湖的東岸面對西雅圖的是小而美的克刻蘭。克刻蘭往東不到數公里處便是有名的比爾蓋茲的微軟公司之所在。

華盛頓湖面平時點綴著不少悠閒自在，和平相處，正在覓食的本土野鴨和暫時移棲過來的加拿大飛鵝，天空經常有幾隻飛翔的海鷗，湖岸水蓮花開處，偶而還能看到露出頭漫游的水獺。傍晚時刻，夕陽點燃了天空的雲彩，波浪也被染成粼粼金黃，太陽下山後，水平線處是西雅圖高樓大廈耀眼的燈光，湖面蕩漾著高樓的倒影和星星、月亮。西雅圖附近天氣多變化，時而陽光高照，藍天薄雲，時而陣陣驟雨，風急雲奔。全年溫度舒適，夏天很少超過三十度，冬天不常低於十度，絕少下雪。湖畔房子家家有兩三面落地窗，窗外天湖互映，千變萬化的自然景色盡入眼中。難怪克刻蘭很快成為微軟公司職員最愛的住宅區，也是西雅圖附近深受歡迎的休閒度假村。我們一家在偶然的機會發現這塊珍寶，迷戀上它，從此每年夏天和冬天都會到此度假一兩個星期。

華盛頓湖岸旁長滿半野生的黑莓樹叢，今年八月中旬來此，正好碰上莓熟季節。黑莓樹屬於灌木，有兩人高，但看來又像草藤，有人說這些黑莓樹是喜馬拉雅種，也有人說是來自伊朗，其實沒人在乎它們是從什麼地方移植過來的。黑莓樹亂竄的枝幹和葉子，密密麻麻看來雜亂無章，一點兒也不吸引人。粗細枝幹和葉子到處長滿利刺，一不小心很容易被戳傷，因此不太受觀光客的喜愛，修剪它們也是公園管理員的頭痛。但是黑莓樹叢有它獨特的功能，那些利刺正可擋住到處亂闖的觀光客，由於它們的保護，多少觀光客才免於掉進水中，多少岸邊住家的隱私權也得到尊重。克刻蘭的八月天真是山明水秀、風和日麗，朵朵黑莓子飄溢著芳香，湖旁常可看到三兩採莓人，西雅圖報紙也在週末版大幅介紹採莓樂趣。

早上和內人到湖旁球場打網球，車子停妥，拿起放在十字路口的紅色旗子穿越馬路，車子看到了行人總會禮讓，想到台灣的馬路如虎口，這裡的作法也許值得我們仿效，擔心的是在台灣旗子會不會不到幾天就遺失，什麼時候大家學會自動自發的守規矩，也正是我們社會落實民主自由之時。過了馬路來到公用球場開始打球，內人嗅覺特別靈敏，禁不住隨風飄來的陣陣濃香的引誘，球打不到一回兒便說要採莓去，我也好奇的加入。

黑莓子看來和枝葉一樣的不吸引人，小小的，不到珍珠圓一半大，十幾二十個聚集成球狀，一、二十球形成一朵，未成熟時是綠橘色，一成熟就變為紫黑色。莓子肉少子大，想像不出有什麼好吃，但一入口即溶化口中，莓汁甜美，不用咬嚼，僅需用舌頭壓出莓汁即可吞下。採擷時先得小心指尖被刺痛，用手指輕輕的往下一拉，莓球就會整個脫蒂落下，有時因為太熟，一碰即破，莓汁把手指染成紫紅色，甘甜可舔。我們邊採邊吃，不到十分鐘已經把網球罐裝得滿滿的。黑莓子看來雖然貌不驚人，但用處可多，除了能當果子吃外，也能用來做黑莓餅（black berry pan cake）或黑莓派，如果肯花一點功夫，還可用來做果醬，在台灣黑莓果醬一瓶賣好幾十元。有興趣還可用來釀酒，少數莓子已經熟爛得開始發酵，採莓時會聞到淡淡酒香。黑莓子味道和用處比常吃的水果更多樣，而且營養專家說，莓類含有大量的抗氧化劑（Antioxidant），多吃了對健康有很大的益處。

黑莓樹長出的黑莓子數量實在太多，任小鳥怎麼吃也吃不光，現代人太忙，肯花時間採莓的人已經不多，所以大半的黑莓子從熟到爛，再被陽光曬乾，落地生根，在秋天落葉養分的滋潤下，明年春天長出幼苗，夏天就是他們加入行列開花結果的季節。如此一年復一年，世代相傳，黑莓樹也蔓延得更廣闊更旺盛。像大部分東方人，工作謀生，生育成群子女，從出生、成長到死亡都在同一塊土地上。有少部分人遠離家鄉尋找機會，年紀一大也逃不開落葉歸根的思維，逐漸還鄉。不一樣的是黑莓子用它的香氣引來小鳥和動物，一部分被它們吞進肚子裡，藉著它們播廣他地，有些被雨水衝入湖中，隨波逐流他岸，或被人移植遠方，這些黑莓子在地球不同角落繁殖，多子多孫欣欣向榮，從不操心尋根或落葉歸根的事。植物尚且能演化出播植遠地的方法，身為動物的人，雖然是富有感情的動物，也不必自我設限，被狹義的國家民族主義所主宰。

本來人就應該打破環境的限制，開放思維自由發展，充滿活力的人民和文化才是大家所敬佩的，也是我們所該追求的。說起來西方人更有進取心，他們沒有強烈的地域和民族觀念，他們喜歡到處探險、到處發現、到處移民，到處開展新天地，最多也只會尋尋根而已，世界村的觀念似乎早就深植於西方人的基因中。英國不就是一個好例子，英國人殖民世界各地，雖然後來殖民主義沒落，他們卻在不少地方建立了新國家，英國人的基因和文化也因而根植在世界各地。即使英國不再是「日不落地」的王國，但是英語和英國文化早就「日不落地」了，而且他們和所有英國系統的國家，仍然保持密切的伙伴關係，在世界上同享舉足輕重的政經地位。

反觀中國，近至幾百年前的鄭和時代，不管在文化或國勢上都還領先世界各國，但在狹窄和封建的地域觀念和民族大沙文主義影響下，自我中心（「中國」的由來），不知求進，才會逐漸淪落為經濟和文化的小國，華人也淪落為次等人民，在世界各國被排斥被歧視。奇怪的是中共政權漠視歷史教訓，在沒治好自己的國家，連自己的人民都寧願冒生命危險非法移民外國時，還要浪費時間和精力在台灣的統獨問題上打轉。其實中華民族並非單一民族，而是人種的大雜燴，統一在所謂的中華民族的一個國家下，以單一民族國家自居，不只是自欺欺人，也不重要。世界上很少一個民族只建立一個國家，也很少一個國家是建立在單一民族上的。

如果中共不及時改變狹義的民族大沙文主義心態，所有華人不好好互相幫助，協力發展經濟和文化，那麼就是有一天大中國依賴著武力的恫嚇和威脅，成為世界強國，中國人還是一樣貧窮，一樣被人瞧不起，一樣沒有自尊，一樣不受歡迎。建造這樣的一個強國，執政者到底完成了怎樣的歷史使命，有什麼值得驕傲的地方？

什麼時候中共政權瞭解到推動民主政治和尊重人民自決的重要，什麼時候華人都能相互尊重，相互幫忙，共同發揚中華固有文明，並協力發展經濟和新文化，那時華人便不再是不受歡迎的非法移民，而是大家招手的開拓者。

（原文刊載於自由副刊）

劍橋學院主人的宴餐

在中研院物理研究所持續工作九年，為了瞭解國際科學界在自己專業方面的新主流動向，乃決定到國外做半年的研究訪問。一個學術研究工作者最怕的是閉門造車與學術研究主流脫節，所以大學和研究機構都設有長期研究訪問制度。

這次訪問，我決定到不同國家的不同性質的三所大學各造訪兩個月，首先訪問的是劍橋大學。一方面小時就嚮往於徐志摩筆下的康橋，另一方面對一個學科學的人來說，劍大地位崇高有如聖地，尤其在物理學方面，從古典力學開先祖牛頓開始，到電磁波創始者法拉第和馬克斯威爾，從原子物理到核子物理到凝聚態物理，不少重要的物理領域都是由劍大物理學家所開創出來。就是在生物學，近代分子生物學和分子基因學的興起，也源自於劍大物理學和化學家的DNA雙螺旋模型的創造。劍大在科學史上的重大貢獻，另可從其獲諾貝爾獎人數六十多人看得出來，世界上很少有其他大學能與之抗衡，所以劍大代表的是一所擁有輝煌歷史的超級研究大學。我去函請早已認識的國際知名學者大衛津恩（King）教授做東，他欣然答應，他是劍大唐寧學院主人（Master，或翻譯成院長），也是化學系主任。

九月中旬經過近三十小時的輾轉飛程，終於先在倫敦機場接到從美國趕來會合的內人，一起坐汽車到劍橋。倫敦以天氣善變聞名，來前從網路上得知九月的倫敦天氣晴朗溫度舒適，但一出機場卻發現天空正下著毛毛細雨，溫度也降至攝氏十幾度，又濕又冷，天空更是灰濛濛的一片。飛機誤了兩個多小時，剛剛錯過一班汽車，再等了一個多小時下一班車才慢吞吞的開過來，而這位司機又特別的友善，每到一站就不停的和車外旅客閒聊，又誤了一個多小時。英國人的喜新戀舊可從他們的習性看出來，雖然很多人做起事來和台灣商人一樣的積極進取，但也有不少人不管做什麼事都是悠閒自在，一點也不急。

本來預計中午左右就可抵達，結果到劍橋已經是落日時刻，好在很快找到暫住的唐寧學院教師客房。客房位於唐寧學院院舍的一個角落，古色古香的外觀，房間寬敞，但和家具一樣的老舊，沒有自己的衛浴設備，對於習慣於現代設備的我們感到十分不便。劍大創始於十三世紀末期，本來只是由一位叛離牛津大學的僧侶所開設的學校，但經過幾百年的經營早已成為世界的學術研究重鎮，更可以說是科學研究的首都，它古老而悠久的歷史可從我們暫住的宿舍窺出端倪。歐洲人特別喜歡古，凡是古房子、古家具、或古用品，只要能顯示出他們古文化的東西都被當作價值連城的古董。三、四十年前歐洲人開口閉口，就是批評美國人喜新厭舊沒有文化素養，現在崇拜美國嶄新文化的人與日遽增，但仍念念不忘自己古老的文化資產，並以此為傲。

民以食為天，其實對現代人來說，食衣住行中，食是最容易解決的，住可就難了，特別是九月中旬的劍橋，除了滿街的觀光客外，街上還擠著來自世界各地的學生和慕名而來的長短期的訪問學者，大家急忙找住處。我們東跑西跑，尋找了一整天，腳都扭傷了還是沒找到適當的房子。傍晚回到客房，放晴的夕陽驅不走我們沮喪的心情，正不知如何是好時，聽見有人叩門，原來津恩院長派人來邀請我們晚上七點到 Master's Lodge（院長官舍）用餐。經過一整天的奔跑和失望忽然接到他的邀請，心中感到一股欣慰。

六點左右院長親自登門邀請，更使我們受寵若驚。七點出頭我們依約到他的官舍，他先帶我們參觀，唐寧學院校舍雖是新古典派建築，院長官舍卻是一座古希臘式樓房，房間高大寬闊，客廳落地窗外是三面被高樹圍繞著的一大片青翠的草地，比台灣的大學一般草坪還大，而這竟是他私人的庭院，一旁樹叢後面還有個私用網球場。我語意雙關的告訴他「This house is fit for a king」，意指只有國王（他的名字）才能住得上這麼堂皇的房子。參觀完官舍，他穿上傳統劍橋教師（Fellow）的黑色披袍，我們一共四人外出到對面，一獨座專用來接待賓客的新式建築大廳內喝餐前雪利酒。

這不大不小意境高超的新潮派建築，很自然的與新古典式唐寧學院院舍融合為一體，我告訴主人非常喜歡這房子的設計，不只極俱匠心也富創意，他告訴我們建築師因設計此房子得到不少獎項，可惜天才早夭，要不然一定會有更大的成就和名聲。大廳三面間隔著落地窗和牆壁，壁上掛滿學院歷年主人的畫像，餐桌就安置在大廳正中間，窗外遠處突出樹梢的古教堂尖塔，正沐浴於柔和的夕陽下，從彩色玻璃反射出一道莊嚴而肅穆的光輝。我們被薄暮下綠油油的草坪和灰暗的樹影輪廓所懷抱，在那道光輝和那些院長幽魂炯炯目光的注視下喝酒，另有一番風味。閒談了約二十分鐘後，一位服務員前來通知飯菜已經準備好，我們經過一道走廊移到院舍內一間富有濃厚古董味的餐廳。廳內牆壁掛著捐建學院的唐寧家族（和著名的倫敦唐寧街家族同）祖先的畫像，又在他們明亮的眼光凝視下用餐。餐上有白酒、紅酒、前餐和主餐，及甜點、水果和咖啡、飲料等樣樣俱全，英國雖以庸俗乏味的食物聞名世界，這裡的每道菜倒是做得十分精緻而且味道也不差。

餐後我們又回到原來的大廳品嚐餐後酒，多談了近二十分鐘，到十點出頭才結束這一生第一次的劍橋學院主人為歡迎我而設的正式私人晚餐。在餐桌上，酒一下肚，大家話多了，無所不談，主人是個來自南非的英裔，他以一非英國和劍橋人能登上劍橋院長頭銜而自豪，他是個不尋常有著濃厚文化氣息的傑出科學家，我也多少有著同樣的嗜好和傾向。科學家喜愛新奇，他喜歡的是東方文化，來過台灣，對故宮博物院尤其讚賞，認為它是世界上最好的博物館，我則喜愛西方文化，對聖彼得堡和巴黎的藝術館和博物館無法忘懷。我們從藝術、音樂到科學，無所不談，我們興趣相似，程度相若，談起話來十分投機。他特別驕傲的是劍大從十三世紀創校至今，雖然不忘維持舊有傳統禮儀，但一點都不流於迂腐。在物理學上的成就或已不如以往牛頓、法拉第、馬克斯威爾、湯姆斯、羅咱福時代的輝煌，但仍擁有世界上最享盛名的天文物理學家，史蒂芬霍金教授（Steven Hawkin，和牛頓同一講座，以患嚴重肌肉萎縮症，但殘而不廢，坐在輪椅上講解時空、黑洞等問題而揚名世界），在物理、化學和生物學方面時常有人獲諾貝爾獎，現在科學研究重心雖已移往美國，劍大在科學界仍擁有崇高地位。

我感觸的告訴他，台灣近年來經濟發展一日千里，科技進步也很快，但一般人只忙於不選擇的學習西方物質文明和科技，不只忽視了原創性的重要，在自由的吶喊下，舊有傳統美德也逐漸從年輕一代消失，也許維持像今天晚餐這種繁褥的，有點宗教味道的禮節，正是劍橋和牛津大學教育年輕人不遺忘傳統價值的好方法。心裡想甚麼時候台灣的學者才能享受相似的尊崇，但心中同時也對這種封建制度所遺留下來的，昂貴的繁文縟節有所保留，它是否是現在人人平等的民主社會所負擔得起和所需要的，就是在英國現在也只有劍橋和牛津大學仍然維持著這種傳統禮儀。在用餐時，大衛院長說他會幫我們找到學院的公寓，兩三天後我們幸運的搬進了該學院因和慶應大學合作，要預留給慶大訪問教授的慶應宿舍，我們總算是進入了情況。

過了兩三星期，我們夫妻又應邀參加唐寧學院學期初的歡迎餐會，參加的是所有唐寧學院的十幾位教師和一位日本短期訪客，禮節還是一樣的正式而繁瑣。教師中有年輕的、有資深的，有學化學的、物理的、天文的、日本文學的、藝術的、希臘考古學的、哲學的和生物學的等等，唐寧學院學生不到數百人，卻是一個麻雀雖小五臟俱全的學院。同樣的，有了酒，大家平時掛在臉上的面紗在不知不覺中掀開了，討論時更加自然，輕鬆而熱烈，大家忘了彼此專業的差異，上至天文物理，下至政治經濟，左至藝術繪畫，右至文學考古，無所不談。我平日談話簡短扼要，言語乏味，但酒後話語卻叨叨不絕，不管什麼話題都不怕涉足其中。一兩天後，大衛遇到我時說他們都很欣賞和我的對談，有機會還要邀請我參加他們的聚餐，可惜訪問時間太短，之後大家一忙，我又出外旅行演講，就再沒機會和他們見面。

酒的確是很美妙的仙液，一流入體內，人與人之間的隔閡消失了，沒有了顧忌，腦筋也變得靈活起來，思潮開始洶湧澎湃。聽說文人和詩人喜歡浸淫於醇酒中，靈感會如泉水湧溢而出，李白就是一個例子，其實一般學者又何嘗不是如此！在劍橋大學，有不少學院設有酒窟，儲存經年佳釀，醇酒佳餚總比唱KTV和打麻將更有學術品味，享受之餘還可敞開心境討論東南西北，不知多少新觀念新思想是從這種高談闊論中產生的。但我也認識一位傑出的劍橋科學家在那種環境下無法自拔，到了四十歲左右就因酗酒而沈淪，後來從科學界消失蹤跡。適量的醇酒能使人的想像力更加豐富，能激發靈感，並從傳統思維的束縛解脫，但飲用過量會使人的反應變得遲鈍，思考力也會逐漸迷失，大家可不能不以此為戒。

在劍橋期間，除了演講和參與研究討論外，週末也看了不少典雅的古式建築、優美的庭園和豐碩的博物館。時間過得真快，一轉眼我們就得離開，別離的前一天晚上剛好碰上劍橋鎮的秋天嘉年華會，雨後清新寧靜的夜空突然響起爆破聲和歡叫聲，閃爍的點點星光被繽紛的煙火所掩蓋。次日清晨沒忘了跑去看擺在三一學院圖書館展示櫃內的一本牛頓的「原理（Principia）」，它是第一版本，印刷和紙質都很粗糙，和那些到處都有的，同時代的，或印刷或手抄的細緻精美的宗教書籍無法相比。從這版本推想得出當時英國社會對科學研究的支持遠不如對宗教來得狂熱，和現在的台灣社會非常相像。令人欽佩的是在那種環境下，學者們仍不失去追求學術的熱誠和執著，而牛頓更能創造出曠世巨著。歷史不饒人，那些富麗堂皇，鑲金的宗教書籍早已失傳或只被當作古董來擺設，貌不驚人的「原理」經典卻流芳萬世，深遠的影響了人類思維和生活方式，書籍還不是和人一樣不能以貌相。

當天下午我們就揮別了康橋，正如徐志摩的詩句，揮一揮手，我們並沒有帶走一片雲彩，只帶回不少美好的記憶。（我們離開不到一年，金恩教授應聘為英國政府首席科學顧問，並取中文名字為「王大衛」，他在二〇〇三年被英國女皇封為爵士，二〇〇四年應國科會邀請來台做短暫訪問時，我們又見了面。）

（原文刊載於自由時報副刊）

人生無限好，即使是黃昏

「巧克力，巧克力」，清晨不到五點就被白頭翁催醒，起床後告訴妻子他昨晚做了個夢，夢見大女兒來電話，說已經很久沒有聯絡上三妹了。她心裡有點不安，莫非是心靈感應，趕緊打了個電話給大女兒和三女兒，發現她們一切正常，談些家常後心情才靜下來。用完簡單的早餐，覺得肚子還是有點餓，想到小時吃不起，天天挨餓，像隻瘦皮猴，現在吃得起，怕胖，天天挨餓，體重還是直線上升。

今天報紙來的早，翻閱了一下，不都是那些紛紛擾擾的舊聞。他以為核四的爭議已經落幕，沒想到前幾天行政院長又到立法院製造新事端，要在即將到來的立委選舉同時舉行核四公投，可想而知，在野黨把院長謾罵得體無完膚。他想，政府的百日核四停建爭議，完全荒廢了政務，行政效率不彰不說，已經使國家損失了幾十億，經濟景氣急速下墜，國家元氣損傷無法估計，如今又要挑起新爭議，核能夢魘何時了，政客以政爭作為充實人生的挑戰，把鬥爭當家常便飯，納稅人可受不了啊！阿扁剛當總統時，被在野黨刁難杯葛，他曾批評他們「輸不起」，他倒是想知道，這世間有多少人真的輸得起。早在行政院宣布停建核四前，他就撰文質疑半途停建的合法性，並提出替執政黨解套的邏輯，只要不興建新核電廠，繼續執行法定預算，新政府並沒有違背執政黨的反核黨綱。忠言逆耳，就是沒人聽得進這種「異見」，經過立法院三個月的爭吵，最後提請大法官釋憲，判定核四不能中途停建，執政黨還不肯罷休，還要耍新花樣，執政黨真的輸得起嗎，三個月來，新政府把國內政局搞得混亂不堪後，還不是又回到原點。

他抱怨為什麼人是那麼的不理智，不用邏輯和大腦思考。本來人就是有感情的動物，有意識型態，有利害得失，情緒不穩，常會鬧意氣，人又不是機器，你怎麼天天談的盡是些理性和邏輯，她說。說的也是，在自然的世界，就是最為簡單的晶體，看來有秩序，也是透過原子和分子的不斷運動和作用，親和力強的原子結合成團，弱者相互遠離，經過無數的無序行徑（路徑）後才能長成的，生物世界更不例外，這些行徑，既然是無序的，也就沒有清晰的邏輯可循。他意識到群體裡個人能力的限度，尤其在多元化的民主社會裡，要從無數的個人意志中凝聚出共識是何等的困難。他嘆息了一聲，何必憂國憂民，自討苦吃，國家大事自有他人來管，來操心。

早春陰霾的台北天空，今天卻出奇的晴朗，想到她最討厭週末整天待在家裡什麼事都不做，只是兩個人相對無言。要不要到北海岸鼻頭角走走，他問她。電視天氣預報卻說北海岸可能會下雨，兩三星期前，就是因為天氣開始放晴，開車到了北海岸發覺波濤洶湧，十分壯觀，但是暴風雨不斷，掃興而歸。也許害怕了，她說就到附近山上走走吧，也好，已經有一個星期沒有運動了，需要的是舒展一下筋骨。反正山下有家超商，我們週末也得去買些水果和蔬菜。自從發現她眼力消退不能開車後，每個週末需做的第一件事就是陪她到超市買些比較重的食物。

開車到山下，下了車開始往山上快步走。那不過是一座小山丘，他們還是決定不爬階梯，上下階梯時的衝力會傷到膝蓋，已有好幾年了，經驗告訴他們，隨著年齡的增長，事事得小心，要不然很容易受傷，快步走大道吧，也不能跑。走不到兩百公尺，她說有點喘，還是你自己先上去吧，她會慢慢趕過來。他回頭望了她一眼，說聲好吧便逕自快步上山了。走了一段路，回頭看望，沒有看到她的影子，有些擔心。記得幾年前小孩都已長大離家，在家裡閒得發慌，她常會自己到處爬山，週末他們一起爬，他老是趕不上，沒想到不過幾年，她的健康狀況就大不如前，先是白髮、掉髮，再來是眼疾，今天不過走了一小段山路，就上氣不接下氣，他感到一陣心酸，怕會不會又有什麼新毛病。

他邊走邊回憶一些往事，隨著小孩長大各自離家和他們年齡的增長，不知從什麼時候開始她變了，不再為一點小事僵持耍意氣。以前只要他抱怨一兩句，她會幾天拒絕和他講話，最近她只會和顏悅色還他一兩句，而且很快又和好如初，是什麼使她的性格變得如此的柔順，而為什麼他反而感到悲傷。前幾天她還把她喜愛的照片選了十幾二十張，貼在一小冊子，說旅行時可以隨身攜帶。他翻了一下裡面的照片，每一張都是小孩的照片，其中也雜了兩三張他倆的合照，在那小小的冊子裡，珍藏著的是這個家庭的縮影，和不少美麗的記憶。他感激她把這個家庭當作是她一生的全部，也是她一生的付出。有一張是他剛拿到學位時，穿著學位服高興得在家外面草坪上跳躍的照片，照片已經老舊褪色，有些模糊，連他自己都認不出是誰，也記不得曾經照過這張，她卻小心的把它收集在隨身攜帶的像冊內。

他想如果沒有她的付出，他能有今天麼，雖然他只是爬上了座小山丘，不是高山峻嶺，遠遠無法和別人相比，到底也有個頂。這個家，現在已經各自東西，平時少聯絡，更難團聚，在精神上卻依然相互扶持，總還是個家啊。他早就計畫在他們身體仍然康健時，多找些時間一起遊覽世界，他走過世界不少角落，可就沒有真正遊覽過，僅是走馬看花而已。生活，他們也算是過了生活，可那僅是狼吞虎嚥，從來也沒有細細咀嚼過，享受過，那怎能叫做生活。最近她的健康衰退得如此的快，如果不努力騰出時間多和她在一起，好好陪她，恐怕就要太遲了，想到此他心中感到虧欠，眼中有點濕。登上山頂，迫不及待的回頭，看看她到底有沒有跟上來，爬到哪裡，沒有半途而廢吧，不會有事吧，他的心中浮現出一連串的不安。他馬上慢步跑下去，怎麼就是看不到她的影子，轉了個頭驀然見到她正站在山沿突出處瞭望著四方風景。向她招手，沒見到回應，他擔心莫非眼疾更加嚴重了，她現在仍真能欣賞美好的景致嗎。趕快跑到她身後，叫了一聲媽，她回頭一笑，拍拍他的肩膀。問她有沒看到他，她說只看到一個影子，看不清楚是誰，還未來得及問清楚有沒看到招手時，心一疼，眼淚已經盈眶了。

他們站在那裡看了好一會兒風景，在這異常的台北二月天，萬里無雲，溫度舒適，雖然仍是清晨，大陸西北飄來的沙塵把天空染成迷濛的橘紅色，太陽紅得像落日，他憶起老少皆曉的詩句：「夕陽無限好，只是近黃昏。」心裡感到憂傷，也有些迷惘。身邊的她，怡然自得，正陶醉於瀰漫著晨霧的疊疊山巒景色中。不知怎地，一幕幕夕陽美景，有如幻燈秀，閃過了他的腦際。啊！那些輝煌多彩的黃昏，是如此的華麗，卻是如此的莊嚴而肅穆，是的，人生無限好，即使是黃昏。

走吧，我們還有一段很長的路要走呢，他說。牽著她的手，兩個人默默的，輕微的相互依偎，一步步，慢慢的走下山坡。

國家圖書館出版品預行編目

在真空中求成長：鄭天佐院士一生有趣的回憶 / 鄭天佐著. -- 一版. -- 臺北市：秀威資訊科技, 2004[民 93]
面；　公分
ISBN 978-986-7614-44-5(平裝)

1. 鄭天佐 – 傳記

782.886　　93014982

史地傳記類　PC0020

在眞空中求成長－鄭天佐院士一生有趣的回憶

作　　者 / 鄭天佐
發 行 人 / 宋政坤
執行編輯 / 賴敬暉
圖文排版 / 張慧雯
封面設計 / 羅季芬
數位轉譯 / 徐真玉　沈裕閔
圖書銷售 / 林怡君
網路服務 / 徐國晉
法律顧問 / 毛國樑律師
出版印製 / 秀威資訊科技股份有限公司
台北市內湖區瑞光路 583 巷 25 號 1 樓
電話：02-2657-9211　傳真：02-2657-9106
E-mail：service@showwe.com.tw
經 銷 商 / 紅螞蟻圖書有限公司
台北市內湖區舊宗路二段 121 巷 28、32 號 4 樓
電話：02-2795-3656　傳真：02-2795-4100
http://www.e-redant.com

2004 年 9 月 BOD 一版
定價：280 元

讀　者　回　函　卡

感謝您購買本書，為提升服務品質，煩請填寫以下問卷，收到您的寶貴意見後，我們會仔細收藏記錄並回贈紀念品，謝謝！

1.您購買的書名：________________________

2.您從何得知本書的消息？

□網路書店　□部落格　□資料庫搜尋　□書訊　□電子報　□書店
□平面媒體　□ 朋友推薦　□網站推薦　□其他________

3.您對本書的評價：(請填代號　1.非常滿意 2.滿意 3.尚可 4.再改進)

封面設計____　版面編排____　內容____　文/譯筆____　價格____

4.讀完書後您覺得：

□很有收獲　□有收獲　□收獲不多　□沒收獲

5.您會推薦本書給朋友嗎？

□會　□不會，為什麼？________________________

6.其他寶貴的意見：________________________

____

____

____

讀者基本資料

姓名：________________　年齡：_____　性別：□女　□男

聯絡電話：______________　E-mail：________________

地址：________________________________

學歷：□高中(含)以下　□高中　□專科學校　□大學
□研究所(含)以上　□其他____________

職業：□製造業　□金融業　□資訊業　□軍警　□傳播業　□自由業
□服務業　□公務員　□教職　□學生　□其他________

請貼
郵票

To：114

台北市內湖區瑞光路 583 巷 25 號 1 樓

秀威資訊科技股份有限公司　　收

寄件人姓名：

寄件人地址：□□□

(請沿線對摺寄回,謝謝!)

秀威與 BOD

BOD（Books On Demand）是數位出版的大趨勢，秀威資訊率先運用 POD 數位印刷設備來生產書籍，並提供作者全程數位出版服務，致使書籍產銷零庫存，知識傳承不絕版，目前已開闢以下書系：

一、BOD 學術著作—專業論述的閱讀延伸
二、BOD 個人著作—分享生命的心路歷程
三、BOD 旅遊著作—個人深度旅遊文學創作
四、BOD 大陸學者—大陸專業學者學術出版
五、POD 獨家經銷—數位產製的代發行書籍

BOD 秀威網路書店：www.showwe.com.tw
政府出版品網路書店：www.*gov*books.com.tw

永不絕版的故事・自己寫・永不休止的音符・自己唱